廖涯 主编

好好表达

给孩子的超级演讲课

人民邮电出版社
北京

图书在版编目（CIP）数据

好好表达：给孩子的超级演讲课 / 廖涯主编. --
北京：人民邮电出版社，2023.10
ISBN 978-7-115-62542-7

Ⅰ. ①好… Ⅱ. ①廖… Ⅲ. ①演讲－语言艺术－少儿
读物 Ⅳ. ①H019-49

中国国家版本馆CIP数据核字(2023)第171408号

◆ 主　编　廖　涯
责任编辑　朱伊哲
责任印制　周昇亮

◆ 人民邮电出版社出版发行　　北京市丰台区成寿寺路 11 号
邮编　100164　电子邮件　315@ptpress.com.cn
网址　https://www.ptpress.com.cn
涿州市京南印刷厂印刷

◆ 开本：700×1000　1/16
印张：13.75　　　　　　　　2023 年 10 月第 1 版
字数：143 千字　　　　　　2023 年 10 月河北第 1 次印刷

定价：59.80 元

读者服务热线：**(010)81055296**　印装质量热线：**(010)81055316**
反盗版热线：**(010)81055315**
广告经营许可证：京东市监广登字 20170147 号

编委会

自序

大家好，我是涯叔。

不知不觉，我从事少儿演讲与表达的教育工作已经 10 年了。

如果一定要把这 10 年的经验总结成一句话，那会是怎样一句话呢？

我可能会说："要做好演讲与表达，最重要的不是掌握知识和技巧，而是站上'讲台'。"

是的，很多老师和家长都觉得演讲与表达是一门非常专业、高深的学问。其实不然，在当今的媒介环境中，演讲与表达早已无处不在，"讲台"也早就不只是高出地面的那个平台。一次发言，一场面试，一次直播，一条视频……处处都有演讲，处处都有表达。可以这么说，在数字化的时代里，"讲台"无处不在。

然而，大多数孩子在"听说读写"方面的发展并不均衡，"读写"和"听说"明显失衡。也正是在这样的背景下，各类有关"小主持""小演员""少儿口才"的教育品牌和培训机构如雨后春笋般层出不穷。语言艺术教育既有艺术教育、美学教育的特性，也能增强孩子的社会实践技能，因而被越来越多的人关注和重视。很多有心的学者和教师也编写了一些针对少儿语言能力训练的书籍。但是，有几个问题一直没有得到妥善解决。

首先，口才学习的范围非常广泛，界定起来并不容易。当下一些涉及口才学习的书籍更多停留在"艺术"的层面，以有稿表达为主，训练素材也大多集中在朗诵、主持词、曲艺、台词这样的领域，专注于少儿口语表达的比较少，特别是适合少儿复述、即兴演讲的素材非常匮乏。而本书让语言艺术的学习回归口语表达的范畴，更重视"讲"和"说"，而不是"演"和"诵"。

其次，在针对少儿口才的教学中，什么样的教学方法和教学素材是他们能够接受的，是适应他们年龄和学习特点的，书籍采用怎样的编写体例最方便他们阅读和练习，也是非常值得思考的问题。本书编委会由高校教师、中小学教师、培训机构教师构成，其成员都有丰富的一线教学经验，因此，本书的一个核心目标就是"实用"。语言表达是实用性非常强的一种能力，加上少儿的学习特点又非常鲜明，光靠枯燥的理论是没有办法实现相关课程的落地性和实操性的。为了达到"实用"的目标，在编写和行文风格上，我们力求贴近少儿的视角，用轻松有趣的方式表述专业问题，让每一课都有很强的"可读性"。

最后，从专业支撑来说，编委会的成员有着不同的学科背景，实现了播音主持、戏剧表演、导演、中文、教育学、心理学等多学科的融合，让本书突破了传统的播音主持专业的局限，进入口语表达的广阔领域。值得一提的是，编写本书时，适逢最新的《义务教育课程方案和课程标准》印发，我们深入研习了语文学科和艺术学科中的相关内容，将"口语交际"和"戏剧教育"的部分核心方法也融入了本书。我们相信，这样的尝试一定能让少儿口才学习扎根于更为坚实的土壤。

两年前，在一次少儿口才研讨会上，来自全国各地的口才教育者进行了很多深度探讨，在某些问题上达成了一些共识。

有老师说："如果你问 100 个让孩子做口才学习的家长，以后是不是希望孩子走播音主持或者演员的专业道路，其中 90 多个都会说不是。"

还有老师说："我希望的不是让每个孩子都学习朗诵、主持这些专业的内容，而是降低学习门槛，不追求专业与艺术，让更多孩子通过口才学习成为有信心、善思考、会表达的中国少年。"

大家还探讨了一些非常核心且本质的问题：

对孩子而言，"说"的核心能力到底有哪些？

好的少儿口语表达应该是什么样的？

孩子们为什么要学习"口才"？

学习"口才"到底是在学什么？怎样去界定范畴，更精准地找到学习方向呢？

…………

针对这些问题，很多老师也提出了精彩的见解。

有的引用了张颂老师的"信息共享、认知共识、愉悦共鸣"。

有的说出了金句："使人知、令人信、动人情、促人行。"

我则从哲学和心理学的角度，提出口才具有知、情、意3个层级的价值。好口才，就是4个字——好好说话，这个标准的核心指标应当有3个：

1. 信息有没有表达清楚（知）；

2. 情感有没有表达到位（情）；

3. 状态有没有表达尽兴（意）。

虽然大家的表述各不相同，但是都指向一个共同的关键点：好口才，就是"表达"，一定是以"达"为目的，而不只是有"表"的技巧。通俗点说，重要的不是你说了什么，而是你的听众接收到了什么。不管是演讲还是朗诵，或者配音、辩论等，形式上千变万化，场景上各不相同，但底层的逻辑，就是知、情、意3个层级的"表"和"达"。

为了达到更好的学习和训练效果，本书总结了少儿在演讲中会遇到的17个关键问题，提炼出17课，将其分为4章，从心理素质到仪表台风，从基础发声到语流控制，从有稿演讲到即兴表达，从选材到行文，系统地构建了一套少儿演讲学习的方法论。

总而言之，不管孩子未来从事什么行业，好好说话、好好表达，都是一种重要的能力。现在家长让孩子学习语言艺术，大多也是为了让孩子长大后拥有这种能力。学习的专业叫什么名字并不重要，"小主持""口才""语言表演"……都可以。家长让孩子学主持，并不是真的要孩子以后做主持人；让孩子学演讲，也不是真的要孩子以后做演说家，更多是希望孩子拥有主持人和演说家那种自信表达的能力。

有稿表达，锦上添花；

无稿表达，出口成章。

希望所有学习本书的孩子都能做到以上 16 个字，敢说、会说、善说！

最后，我把自己的座右铭送给大家：

"能演讲，爱表达；心有千军万马，更要好好说话！"

目录

第3章　小小演说家是如何练成的

第4章　演讲稿怎么写

第 1 章

上台演讲，你害怕吗

练成"好台风"的 3 个方法

第1课

如何克服演讲前的紧张
——台下热个身，紧张变不见

深呼吸

原地跳

按摩喉部

情景小剧场

小文同学

涯叔，我好羡慕那些上台演讲不紧张的同学呀！我每次上台演讲都两腿发抖，感觉下一秒就要忘词了！

涯叔

美国有个著名的作家叫马克·吐温，他说："世界上只有两种演讲者，紧张的和假装不紧张的。"所以说，其实根本就没有不紧张的演讲者！就让我来教教你，怎么克服紧张，做一个从容又自信的演讲者吧！

没有人不紧张！

我每次演讲都可紧张了！

演讲加油站

同学们，快要上台演讲前，你们是不是会觉得很紧张呀？紧张的表现有很多种，比如口干舌燥，胸口憋闷，喉咙发紧，声音变扁……仔细回想一下，你们紧张的时候，是不是也会这样呢？

你们也许会困惑，我们为什么会紧张呢？要是没有紧张这种情绪，该有多好呀！心理学家告诉我们，紧张是人类面临危险时的一种正常应激反应。你们可以想象一下，数十万年前，一个原始人来到丛林里的一片陌生土地，突然间前面出现了几十双陌生的眼睛盯着他。你们说这时候，他的反应是什么？那肯定是汗毛直立、拔腿就跑啊！虽然几十万年过去了，这一应激反应还是刻进人类的基因并保留了下来。现在你们应该明白，演讲其实就是把你们丢到一片陌生的土地，同样有数十双甚至数百双陌生的眼睛盯着你们，你们说你们怕不怕？由不得多想，你们就自动进入了同原始人一样的应激状态。

知道了这一点，我们就可以正确地看待紧张啦！其实，紧张是一种非常正常的情绪，同学们千万不要因为紧张而自责哟！紧张，代表这件事对我们很重要。悄悄告诉你们，适度的紧张还有利于我们在现场演讲的时候发挥应有的水平呢！不过，如果过于紧张，那就很可能会出糗，我们都不想这样对不对？那么下面就让涯叔给同学们分享几个克服紧张的小窍门吧！

提前彩排，把陌生变成熟悉

　　既然紧张的本质是对于危险的感知，那么克服紧张的办法就十分明确了——让自己不再感到危险。闭上眼睛，想象自己处于真实的演讲场景中，你会发现，你的危险感来自3个方面：陌生的演讲环境、陌生的演讲对象、陌生的演讲内容。所以，要从根本上克服紧张只有一个办法，那就是熟悉、熟悉、再熟悉！熟悉环境，你可以像乔布斯那样，提前到场，反复彩排；熟悉听众，你可以在彩排的时候，让爸爸妈妈扮演听众，以达到还原演讲现场的效果；熟悉内容，你可以一遍又一遍地熟悉演讲稿的内容，直至形成条件反射式的记忆。当大部分陌生的因素都变成熟悉的因素后，你的紧张感自然就会得到很大的缓解。即便到了演讲现场还是会有应激反应，那也不足以打乱你的整体节奏啦！

心态建设，拒绝完美主义

　　站在台上演讲的时候，你可能巴不得所有人都屏住呼吸认真地听。其实，你在开口之前，往往就已经犯了一个关键的错误：你认为所有人都在认真听你说话。你必须明白，几乎没有一个观点、一个故事能同时打动所有人。再完美的演讲，也会有人不认同、不支持。更何况，还有人根本就不想听演讲。所以，收起你的完美主义，轻装上阵吧！

保持真诚，用我口说我心

演讲的本质是表达自己心里的想法。讲自己融入了真情实感的故事，分享自己心里真实的想法，都会让你的演讲变得真实、动人。如果听众觉得你很真诚，就更容易产生共鸣；当你感受到听众的真诚，紧张感也就会逐渐消退。这样听众就变得像你的好朋友一样。你和好朋友分享所思所想时，还会感到紧张吗？当然不会啦！

小试牛刀

小文同学

涯叔，你的小窍门听起来特别棒！不过我还是有点担心，每次上台前我的身体都不受控制，我感觉手脚根本不听大脑的指挥！我怕即使将演讲内容背得很熟练，告诉自己不怕犯错，但在看到听众的时候，我的心脏还是会怦怦跳，就像揣了个小兔子一样。

哈哈，小文同学如果有这样的困惑，就需要在练习的时候多多准备了！俗话说"台上一分钟，台下十年功"，我说的这个"准备"，不仅指要多次彩排练习，还包括在每一次准备练习演讲之前，都要帮助身体适应演讲。

涯叔

　　是不是很意外，身体也需要适应演讲？你站到舞台上，用眼神扫过台下的听众，是不是常常感到身体紧绷，肩膀耸起来了？没错！那是你的身体还没反应过来！又或者说，你的身体可能突然得知将要演讲这件事，被"打"了个措手不及，所以过度反应了！怎么办？快跟着涯叔做几个热身活动帮帮它！

深呼吸练习，跟紧张说拜拜

1. 闭上眼睛，感受自己的呼吸，让呼吸慢慢加长、加深。试着感受一下，气流能到达的最深处是哪里。

2. 将注意力放在自己的鼻尖上，感受鼻尖处的气流，一直集中注意力。然后将一只手放在腹部，每次吸气时鼓起腹部，呼气时收缩腹部。初次练习时，你可以把腹部想象成皮球，用鼻子吸气，让气流依次经过鼻腔、喉部、肺部，最后到达腹部，再反向呼气，这样循环往复地练习。深吸气到腹部后稍停 1 ~ 2 秒，再呼气收腹，平均每分钟做 5 ~ 6 次即可。

注意，深呼吸时切忌"憋气"，不能只吸气不呼气，或者只呼气不吸气，又或者干脆屏住呼吸。

3. 把注意力完全放在呼吸上。用鼻子吸气，嘴巴呼气，尽量大口呼吸，注意听自己呼吸的声音，体会全身放松的感觉，持续 3 分钟。

原地跳，快速启动身体

　　如果你想在上台后达到最佳的状态，不妨在上台前跑一跑、跳一跳，通过运动让身体动起来。当你的身体处于一种兴奋的状态时，听众是会感受到的。

　　例如可以原地跳，这是一种非常简单的运动方法，它可以帮助手臂和腿部放松，让四肢得到充分的锻炼，从而让我们的肢体动作更加协调，而且每天坚持原地跳对我们保持健康也有帮助。那么原地跳的时候，标准动作是怎样的呢？让我们一起来看看吧！

首先，双脚左右开立，脚尖朝向前方，同时屈膝深蹲，然后两臂微屈置于胸前。两腿迅速做蹬伸动作，两臂迅速有力地后摆，脚尖蹬离地面，同时向上跳起，让髋、膝、踝都得到充分的伸展。在落地的时候，用前脚掌着地，通过屈膝的方法来缓冲，双臂回到起始姿势，然后再次跳起。演讲前先在原地跳一跳，这样有利于激活我们的身体哟！

除了原地跳，还有一些很实用的动作也能够极大地缓解紧张。例如，提前几分钟在台侧等候，呈"神奇女侠"的姿势（对，就是双脚分开，双手叉腰）站好，然后用炯炯有神的目光扫视全场。这样坚持2～3分钟，你就会有能量满满的感觉。涯叔在很多场合做过这个动作，亲测有效，同学们下次不妨试试！

用手按摩喉部的肌肉群，让声带放松

人的发音器官可以分成三大部分：一是气管和肺，二是声带，三是口腔和鼻腔。声带在喉部的中间，是两片富有弹性的薄膜。声带绷紧或放松，在气流的作用下，人就发出了高低不同的声音。同学们上台演讲的时候，觉得声音变得扁扁的，很难听，一方面是因为缺少系统的发音训练；另一方面是因为过于紧张，声带太紧。所以，我们可以用手按摩喉部的肌肉群，让声带放松，或者喝几口水润润嗓子。

同学们，掌握了这些方法，你们在演讲前就知道如何缓解自己的紧张情绪了。在真正演讲的时候，松弛感是很重要的。松弛就是举重若轻，在尽量熟悉和充分热身的前提下，接受自己会紧张和不完美的事实。下一次上台前，不妨试一试这些方法，相信你们一定能以最好的状态，让自己的演讲气场全开、非同寻常！

知识锦囊

　　著名作家沈从文第一次走上讲台时，慕名前来听课的人很多，他竟紧张得不知说什么了。很久之后，他才慢慢平静下来，开始讲课。然而，原本要讲授一个课时的内容，被他三下五除二用 10 分钟就讲完了。可是，离下课还早呢！他再次陷入窘境，后来他急中生智，转身在黑板上写了一句话："今天是我第一次上课，人很多，我害怕了。"全场爆发出一阵善意的笑声。

小文同学

　　涯叔，这下我知道啦！原来像沈从文这么著名的大文学家在公开场合讲课的时候也会紧张呢！我觉得自己一点儿也不孤单啦！而且，我还知道了，只要使用正确的方法，我就可以打败紧张，和紧张做好朋友了！

　　这就对啦！现在，让我们一起向前回顾一下克服紧张的 3 个小窍门，以及 3 个热身活动吧！

涯叔

即兴分享：趣味故事会

我们都知道，大家喜欢听有趣的故事，而有趣的故事也是好演讲的素材。

以"趣味故事会"为主题，组织一次当众分享的活动，每个同学都要参与。

每个同学选一个有趣的故事，多读几遍，记住故事的内容，尽量不要逐字背诵，学会用自己的语言复述故事。比如：

穿好鞋

蛇、蚂蚁、蜘蛛、蜈蚣在家里打牌。几轮之后，零食吃完了。大家商量让谁去买零食。

蛇说："我没腿，我不去，让蚂蚁去。"蚂蚁说："蜘蛛有8条腿，比我的多，让蜘蛛去。"蜘蛛说："我的腿再多也比不过蜈蚣大哥呀，让他去吧。"蜈蚣无奈，心想：没办法，谁让我腿多呢？于是蜈蚣出门买零食。

一个多小时过去了，不见蜈蚣回来；两个小时后，还是不见蜈蚣回来。于是大家让蜘蛛出去看看。

蜘蛛一出门就看见蜈蚣在门外坐着。蜘蛛很生气，问：

"你这是还没去吗？大家都等着呢！"蜈蚣也急了，说道："废话！你们总得让我穿好鞋再出门吧！"

故事会尽量正式一些。大家可以手写一个节目单，推选1～2名主持人报幕，增强活动的仪式感。

听完故事后，可以选代表讲讲听后感，说说哪个故事令人印象深刻，故事中的哪些情节最有趣。

训练提示

加强练习，记住故事内容之后，先自己试讲一下，想想怎么讲更吸引人，例如注意语气、表情的变化，加上适当的手势。

正式讲故事的时候要自然、大方，放轻松，控制好自己的情绪。

听故事的时候要集中注意力，认真听，记住故事的主要内容。

思考一下

在参加"趣味故事会"前，你紧张吗？试着为自己选择不同的故事，感受一下讲述时自己的紧张程度有无不同。你觉得讲述什么样的故事时，自己的状态最放松呢？

第 2 课

如何培养演讲中的好仪态
——练肢体语言，显舒展仪态

站姿

走姿

手势

情景小剧场

小文同学

涯叔，下周我就要参加演讲比赛了，现在我信心满满！

哦，是吗？你看起来可不像信心满满的样子！你看你，弯着腰，驼着背，耷拉着脑袋……

涯叔

小文同学

那这样呢？（手舞足蹈起来）

要想在演讲时把控全场，好仪态可是必不可少的。看来我要好好训练训练你了！

涯叔

演讲加油站

在演讲中，我们把讲述的内容和声音叫作语言因素，把动作、表情、眼神等叫作副语言因素，说得通俗一点，就是肢体语言。想让听众信任你，就一定要恰当地运用肢体语言。哪怕是简单的站和坐，你也不要把它们看作简单的身体动作，而应看作自己精神状态和情绪的体现。

站姿端正，得体大方

在演讲中，我们的身体会第一时间暴露在听众面前，所以同学们，你们说身体的姿态重不重要？

整体而言，站姿一定要规范。站在台上，要像青松一样挺立。站姿的总体要求是：自然、大方、不拘谨、不呆板，身子要正，无论动与不动，都应当像一尊优美的雕像，体现出体态美。简单地说，我们要端端正正地站好，脚后跟靠拢，男生可以采用八字步或者双脚开立，女生可以采用八字步或者丁字步，挺胸抬头，双手自然地垂于身体两侧。

同学们，站姿是构成演讲者台风的重要部分。我们一定不要左摇右晃，更不要做不恰当的小动作，比如不停地抓自己的裤子，这样会显得我们非常不自信。

走姿从容，适时而动

同学们看过 TED 演讲吗？不少演讲者喜欢在台上来回走动，特别是如果这场演讲比较长的话，来回走动可以赋予演讲生动的气息，拉近演讲者与听众的距离。

不过，如果同学们参加的是正式的演讲比赛，有时候不允许来回走动，在这种情况下，我们按照比赛规则来就好啦！

在规则允许的条件下，如果我们想在台上进行一定的移动，可以在讲到互动性较强之处时，适当地在台上走一走，但要注意保持轻松的姿态。走动时，要面对台下，与听众保持眼神交流；注意不要看地板，也不要眼神涣散地看向两边哟！

此外，别忘了上台和下台也是体现走姿的时候，我们要走得自信、从容。同时，上台后和离场前，都要记得向台下的听众鞠躬致意哟！

专属手势，擦亮名片

手是人体最灵活的部位之一。正因如此，恰当的手势能给我们的演讲增光添彩。做好手势的关键是"打开",扩大肢体语言的影响范围。手势中最常见的是 V 形（包括正 V 形和倒 V 形）手势，苹果公司的创始人乔布斯就喜欢使用正 V 形手势。你知道为什么 V 形手势如此经典吗？其中一个原因是三角形具有天然的稳定性。同时，V 形手势也是一个很好的起始手势，你可以在这个基础上将右手伸出再收回来，或将左手伸出再收回来。

涯叔告诉你一个秘密——如果你的手势看起来大开大合、富有张力，那么在听众看来，你的整个身体都是舒展的，即便你有一点紧张，也不太容易被听众看出来。而且，这样的手势本身也会增强你的自信。如果你有自己喜欢的手势，在演讲中也经常使用它，那么这个手势可能会成为你的个人名片，让你成为一个更容易被大家记住的演讲者。

不管我们做不做手势，做什么样的手势，有一点一定要记住，那就是我们要尽可能看起来舒展、挺拔，不要做趋向于封闭的手势，包括抱胸、手插口袋、双手背在身后或双手紧握等。

小试牛刀

小文同学

> 涯叔，我觉得把握站姿和走姿都比较简单，但是对于手势，我还是有点儿拿不准呀！

> 那我们就一起来练习一下吧！

涯叔

演讲中常见的手势，形象地说，有V形、"切水果"型、"扔东西"型、"点兵点将"型等。同学们，你们有没有发现，这些都是生活中很常见的手势呀？对啦！演讲中用到的这些手势就是这么简单！

V形手势

V形手势，顾名思义，就是两只前臂形成V形夹角，V形的开口既可以朝上也可以朝下。大多数时候，V形的尖头并不是封闭的哟！

我们可以将手放于胸前，手掌张开，除了拇指与食指分开成60°左右，其余四指并拢，然后挥手向前切出（有小、中、大3种幅度），可以单手切，也可以双手切。等到熟练以后，我们就不必刻意先把手放于胸前去找切出的位置了，这样动作会更加自然。例如说"朋友们，大家早上好！"这句话时，就可以用这个手势。

先将手放于胸前，再将手从胸前送出去，做一个抛的动作。例如说"这是为什么呢？"这句话时，配合这个手势，就会让

听众产生强烈的想要听下去的好奇心。

"点兵点将"型手势

我们可以先将右手移至胸前，朝前画一个半圆，然后伸出食指"点兵点将"，和台下的听众互动。

涯叔再啰唆几句——平时训练的时候，对于哪个句子对应什么语气、配什么手势，要不要走动，眼睛看向哪里，站在舞台中间时呈什么姿势，等等，我们可以提前设计好。建议直接在演讲稿具体内容的旁边标注，并且模拟演讲时，在脱稿状态下一一做好设计的动作。

另外，无论你习惯用哪只手拿话筒，都切忌在演讲过程中来回换手，否则会显得你很紧张。话筒会影响我们的动作设计：

如果话筒拿在左手上，那么我们就要设计右手的动作，反之亦然；如果不是手持话筒，而是使用无线"小蜜蜂"之类的设备，我们就可以设计两只手的动作了。

知识锦囊

　　肢体语言在我国传统戏曲中还有一个说法，那就是"手眼身法步"，亦称"五法"，即手（手势）、眼（眼神）、身（站姿）、法（礼仪）、步（走姿）。此外，还有"四功"，即"唱、念、做、打"。"四功五法"是戏曲表演的基本功。

小文同学

> 涯叔，我总感觉你好像漏掉了什么……

> 对啦，在"手眼身法步"中，还有"眼"没有介绍。下节课我再为你讲解！

涯叔

表达力课堂

即兴讨论：视力也是竞争力

先提问，了解各位同学的视力如何，请视力好或者差的同学分享一下原因。

然后分组进行讨论，分析造成不同视力的原因，探讨保护视力的策略。

最后，每组派代表发言，提出保护视力的建议。

训练提示

1. 学会倾听。沟通与演讲最大的差异在于前者是双向表达，沟通时不能只顾自己说，会倾听的人更有沟通力。

2. 分享原因的时候，要具体阐述，学会举例说明。

3. 分组讨论要有秩序，依次发言，不要随意打断他人；注意说话的音量，不要干扰其他小组；不重复别人说过的内容，如果别人的想法和你的接近，可以先表示认同，再继续补充。

4. 小组代表发言要条理清晰，至少说出 3 条保护视力的具体建议。

思考一下

观察一下参与分组讨论的同学，你觉得谁说话时的仪态比较好？好在哪里呢？学习一下这些优点，试着将它们运用到自己的表达中吧！

如何与听众"对上眼"
——眼神有交流，演讲不无聊

点视法

扫视法

情景小剧场

哎呀！吓"死"我了！你怎么对眼了？还直勾勾地盯着我干什么？

涯叔

小文同学

涯叔，我不是故意要吓你的。上次的演讲比赛中，评委老师们都夸我台风好，有把控全场的气势。美中不足的是，我的眼神有点涣散，好像没有焦点似的。这不，我在练习和听众进行眼神交流呢！你有没有感受到我在对你"放电"？

呃……我确实被"电"到了……

涯叔

好吓人！

"电力"怎么样？

我感觉有点麻！

演讲加油站

　　据说拿破仑每次对士兵讲话之前，会先花一定的时间扫视全场，然后才开口讲话。他这样做是为了吸引士兵的注意，同时树立威信，给士兵一种"我接下来要说的话很重要，你们要好好听"的权威感。同学们要想成为小小演说家，也可以巧用眼神与听众交流，让听众更重视你要讲的内容。所以啊，小文同学的训练方向是没错的，就是训练方法让人有些啼笑皆非了。让我们一起来看看该怎样训练演讲时的眼神吧！

点视法

　　所谓点视法，就是把你的目光投向某个听众，与他进行眼神交流。这样可以使对方对你的发言感兴趣，因得到充分尊重而产生满足感。在演讲的过程中，我们可以每隔一小段时间就换一个听众，与之对视，让目光在我们与不同听众的对视中游走，不断地与听众进行眼神交流。下一次你要不要试着用这个方法勇敢地和评委老师对视一下呢？

扫视法

　　要知道，眼神可以表现状态、情绪、关注点等，没有人会喜欢一个不正眼瞧自己的演讲者。采用点视法虽然很有好处，但是由于一次只能与一个人对视，交流的效率不太高。所以问题来了，如果全场有成百上千个听众，我们该怎么办呢？与他们一个个对视吗？这显然是不现实的。其实，正因为演讲者和听众之间存在距离，所以当你盯着某一个听众看时，他所在区域的其他听众也会感受到你的眼神。既然如此，我们不妨在心里将听众席分割为若干个区域，每次只盯着某一个区域的某一个或某几个听众；讲完一段话后再把目光投向下一个区域。如此一来，听众就都能被"照顾"到了。

把笑意融进眼睛里

　　平时拍照片的时候，摄影师经常会让我们说"茄子"，或是问我们"糖甜不甜？"。当我们说"茄子"或"甜"的时候，嘴角会不自觉地上扬，笑意也爬上了眼角。

　　我们可以对着一面小镜子，看看自己面带笑容的时候是什么样的——口腔打开到什么程度，嘴的形态是圆的还是扁的，眼睛是什么样的。把你最自然的微笑带到演讲中吧！

　　之所以说要"把笑意融进眼睛里"，是因为演讲的时候我们多半不能咧嘴大笑，更不能皮笑肉不笑。除了嘴，眼睛也可以表达笑意。把笑容和感情融进眼睛里吧，让眼睛替我们诉说真诚！

小试牛刀

小文同学

> 涯叔，我看向听众的时候特别容易紧张，一紧张就爱眨眼，一眨眼就更紧张了……

> 你知道吗？眨眼是一种不自觉的身体反应。据说，人在说谎的时候更容易眨眼。也许这是因为演讲的时候我们虽然表面强装镇定，内心却很慌乱，身体觉得我们在说谎，于是很诚实地"出卖"了我们……说到底，眼神训练还是要和心态建设结合在一起。

涯叔

　　一个人演讲时眼神涣散或是不停地眨眼，听众很容易认为他没有准备好或是缺乏自信，进而对他的演讲内容产生先入为主的怀疑。那怎么避免这种情况呢？我们还是一起勤加练习吧！

萝卜青菜大白菜，挨个数数我的菜

涯叔告诉你们一个演讲的秘诀，那就是把台下的听众都当成菜——萝卜青菜大白菜，挨个数数我的菜。前面我们学习了点视法和扫视法，现在让我们把两者结合起来练习一下吧！

如果你很快就有在学校演讲的机会，演讲时就试着站在同学们面前，把目光投向他们的中后排。如果你看向同学们的眼睛时会紧张，就看着他们的鼻子或嘴巴，然后从左往右扫视，像农民伯伯依次检视地里所有的菜那样。

如果暂时没有在学校练习的机会，你也可以在下次家庭聚会的时候，让爸爸妈妈、爷爷奶奶、姥姥姥爷等扮演听众，并排站好，然后运用上述方法练习。

同学们，今天大家的气色不错！

　　艺术大师达·芬奇有一句名言："眼睛是心灵的窗户。"人的喜怒哀乐都可以通过眼睛反映出来。

　　戏曲领域有一句老话："一身之戏在于脸，一脸之戏在于眼。"如果"眼里没戏"，"戏也就没了"，可见眼神的重要性。六小龄童老师曾说，他在拍摄电视剧《西游记》时，最怕听到的就是"猴子，你的眼神又不对了"。厚重的妆容在一定程度上掩盖了表情，于是眼神就成了表现美猴王神韵的关键。六小龄童老师本就有点近视，眼神容易涣散。于是，他开始苦练眼神，通过看他人打乒乓球和飞鸟来练习眼神，这才有了大家所熟知的"孙悟空"。

小文同学

> 涯叔，原来眼神也可以练习，我真是增长知识啦！我现在知道了，演讲的时候既不能让眼神飘忽不定，也不能怒目圆睁，直愣愣地盯着一处。演讲可真是一门大学问呀！

> 小文同学真聪明！那我们就一起来复习一下两种训练眼神的方法，再借助眼中真诚的笑意和大家打个招呼吧！

涯叔

033

情境沟通：鼓励给人以力量

面对挑战的时候，你是否需要别人的鼓励呢？

换位思考一下，当你的小伙伴遇到困难的时候，你是否可以积极地鼓励他呢？

我们总是难以避免地要去做一些之前没有尝试过的事情，这时他人的鼓励就显得非常宝贵。

比如：

皓皓想参加学校广播员的选拔，但是他没有相关的经验；

含含准备参加一场演讲比赛，但是在班级预演中忘词了；

…………

懂得鼓励他人是一种良好的习惯，怎样鼓励才能让小伙伴更有力量呢？

假设情境，分小组模拟扮演角色，然后请其他同学点评，再总结相关经验和方法。

训练提示

1. 模拟的情境和扮演的角色要明确。

2. 换位思考，想想你在那个情境中最需要什么样的鼓励。

3. 学会询问和了解他人的情况，而不是只站在自己的角度讲道理。

4. 如果自己有好的经验，可以分享出来，提出具有建设性的解决方案。

5. 如果不能提出特别好的解决方案，静静聆听也很棒。

思考一下

回想一下，在你被鼓励的时候，对方的眼神是怎样的？这种眼神让你感到温暖、有力量吗？试着在鼓励别人的时候也用上眼神，让对方感受到你的关心和真诚。

第 2 章

你真的会说话吗

关于说话的 4 个秘密

第 4 课

如何练就"伶牙俐齿"
——灵活口腔操，一起"磨嘴皮"

声音的奥秘

发音器官

灵活口腔操

情景小剧场

小文同学

扁担长，板凳宽，板凳没有"板"担长，扁担没有"扁"凳宽……哎呀，我这嘴巴怎么不听使唤了呀！

哈哈哈！你呀，一说快嘴就瓢了。想要成为小小演说家，可不能着急，让我们先来做一做灵活口腔操吧！

涯叔

嘴巴有点不听使唤！

来，涯叔教你一套"功夫"！

演讲加油站

我们在呱呱坠地的那一瞬间，往往张开嘴巴放声大哭，宣告着"我来也"。渐渐地，我们可以发出"啊""哦""哎"等基础字音，和周围环境进行简单的互动。第一次喊"妈妈"常被视作"家庭重大事件"，带给全家人欢欣与感动。自此，我们正式进入牙牙学语期，从掌握单字、单词到连词成句，我们的语言系统逐渐发展成熟。

我们在嘴巴一张一闭之间，就可以发出千变万化的声音，传递丰富多样的信息。你是否对自己发出的声音产生过好奇呢？你是否也想知道自己是如何吐字发音、完成交流的呢？

现在，请你手持镜子或站于镜子前，端正坐（站）姿，并运用上一节课所学内容放松自己的身体。接下来，请对着镜中的自己做自我介绍，并对自己进行观察。观察自己在说话时是如何调动身体的，例如小腹有没有起伏；随着发出不同的字音，口型是否会变化。体会自己是如何发出声音的，例如体会发音与呼吸之间的关系，感受哼鸣时鼻腔的变化。

你还可以试试分别用小音量、正常音量、大音量，以及慢速、中速、快速等不同方式来说自己再熟悉不过的姓名，从中仔细体味"声音发生了哪些变化""这些变化是怎么产生的"。

带着在练习中的感受与思考，接下来，我们就一起进入声音的宫殿，探索声音的奥秘所在吧！

声音是由人的发音器官发出的，是带有语言信息的声波，其中：

1. 声带是振源；

2. 肺和气管呼出的气息是发音的动力；

3. 胸腔、口腔、头腔等是共鸣腔；

4. 咬字器官有唇、齿、舌、牙、腭。

我们能获得的发音吐字的综合感受是这样的：声音像一条有弹性的带子，从小腹拉出，垂直向上，至咽腔、口腔，受口腔节制，形成字音，流动向前。其中，口腔是人体发声的最后一部分通道，是声音的"加工制造厂"，唇、齿、舌、牙、腭在发音过程中都起着重要的作用。可以这么说，气息就像一条大河，从声带流过发出"声"，通过口腔流出成为"音"，所以声音既要有悦耳的"声"，也要有准确的"音"。

俗话说："嗓音有天赋，嘴里需人功。"同学们如果想要成为小小演说家，想要准确清晰地表达思想情感，就必须练习控制口腔，使唇、齿、舌、牙、腭灵活配合，这样才能发出准确的"音"。

小试牛刀

小文同学

> 涯叔，我原以为说话是再简单不过的事情，就像吃饭喝水那样自然，原来其中竟然有这么多的奥秘！你快教教我，要怎样才能成为一个口齿伶俐的演讲者呢？

> 小文同学这么快就能察觉到自己的不足，并且面对挑战时充满斗志，已经非常棒了！接下来，涯叔会陪着你，从做最基础的灵活口腔操开始，一步一个脚印，稳扎稳打地迈向梦想中的演讲舞台！

涯叔

　　研究表明，舌头是大脑的先行器官，舌神经连接着大脑，舌头是一个运动器官。每天有意识地让舌头做做运动，可以提升大脑的活力。接下来要介绍的这套灵活口腔操以提升唇舌的力量、灵活度为主，它可以帮助我们掌握正确的口型、舌位，做到吐字准确清晰，从而提升语言表达能力。练习时，每个动作 10 次为 1 组，共做 2 组。

此时，我们化身为山中猛虎，将嘴巴张到最大，展现我们的"威力"。

啊！我还能张得更大！

要注意，我们不能只把嘴巴张开，而口腔内部仍松懈无力。我们需要时刻注意自己的牙关有没有打开，上颚有没有抬到最高点。

亲一亲，笑一笑——噘唇展唇运动

　　将手放在嘴唇前一拳的位置，将注意力集中在嘴唇上，先尽力向前噘嘴去接近手；再收回嘴唇，将注意力集中在嘴角上，露出一个大大的微笑，注意要笑不露齿。亲一亲和笑一笑交替为一次，重复进行。

Mua！

嘻嘻！

侦察兵探路——嘴唇左右运动

　　张开双手，将其分别放在脸颊两侧，保持噘唇状态，唇周肌肉发力，使嘴唇先后向两侧发力去接近掌心，就像我们派出了两个侦察兵出城去探察情况，一左一右交替为一次，重复进行。

一口一根棒棒糖——顶舌运动

双唇闭合，舌头用力顶起腮部，从外部看起来就像嘴里含了一根棒棒糖，一左一右交替为一次，重复进行。

环绕星球——饶舌运动

嘴唇闭合，舌头就像一个口腔空间探测仪，顺时针画圈。"探测"线路为：顶起右腮—扫过下齿外齿面至左腮—扫过上齿外齿面后继续探测下一圈。重复10次后，换逆时针方向画圈。

练习灵活口腔操时，唇舌、两颊和颈部等都会感到疲累，这是正常的现象，也是坚持练习的一大阻碍。为了长久坚持下去，我们在前期练习时，可以适当增加每一个动作之间的休息时间；慢慢适应之后，再逐渐缩短休息时间，后期可以自行增加练习时长。除了这 5 个动作，同学们上网搜索"口腔操"还可以看到很多其他实用的口腔训练方法。练起来吧！用科学合理的训练方法，配合你的专注与坚持，你一定会收获掌声与喝彩！

当你的唇舌很灵活以后，你还有一个需要注意的点——普通话。有人说"学好普通话，走遍天下都不怕"，相信普通话的重要性不需要涯叔再来强调了，那么下面直接上干货。

首先，注意吐字归音。吐字归音是专业术语，听起来很复杂，其实它的意思很简单，就是每个字都要读饱满，不能"吃字吞字"。训练的方法就是找一些字词，慢慢地、夸张地、饱满地读。

然后，注意声调。声调是普通话的独特之处，像英语这样的西方语言，很多都是没有声调的。语言学家赵元任先生曾经创制了五度标记法，用阴平、阳平、上声、去声分别代表我们熟悉的一声、二声、三声、四声。

最后，针对声母和韵母进行发音纠正训练。进行这个训练没有什么捷径，就是对照声母、韵母表，有针对性地进行字词

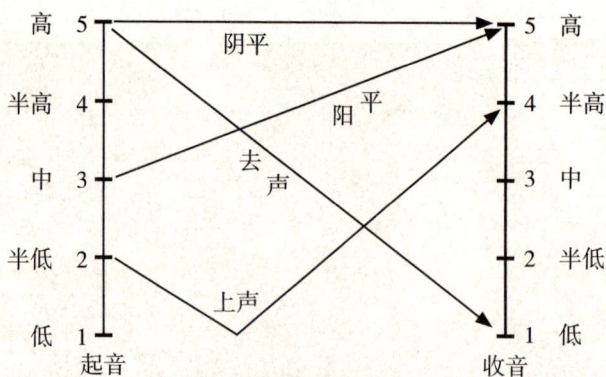

五度标记法的图

高 5 ————————→ 5 高
阴平
半高 4　　　　阳平　 4 半高
去
中 3　　　　声 3 中
半低 2　　上声 2 半低
低 1　　　　　→ 1 低
起音　　　　　　收音

五度标记法

和绕口令的训练。一个人往往不可能在所有发音上都存在问题，一个方言区的人往往都是在某些特定发音上存在问题。所以，我们可以先总结一下自己到底在哪些发音上存在明显的问题，常见的几大问题一般是平、翘舌不分，前、后鼻音不分，n和l不分，f和h不分，等等。弄清问题之后，有针对性地进行训练，效率才会高，不要眉毛胡子一把抓。这里补充一点，规范发音是一个精益求精的过程，并非一日之功，我们可以尽量完善自己的发音，但是也不要过于在乎。如果不是职业的语言艺术工作者，如主持人、配音员等，即使在发音上有些小毛病，只要不影响意思的传达，我们就不用过于在意，把注意力放在自己擅长的其他方面即可。

知识锦囊

　　德摩斯梯尼是古希腊著名的政治家、演说家和雄辩家。由于天生口吃，嗓音微弱，他最初的演讲并不成功。但他没有怨天尤人、自暴自弃，而是坚持不懈地训练。他虚心向著名的演说家请教发音的方法和辩论的技巧；为了改进发音，他把小石子含在嘴里朗读，迎着大风和波涛练习演讲；为了改掉气短的毛病，他一边在陡峭的山路上行进，一边不停地大声吟诵；为了改掉说话耸肩的坏习惯，他在双肩的上方各悬挂一柄剑。他不仅训练发音，而且努力提高文学修养。经过多年的努力，他最终成为一位出色的演说家。

小文同学

八百标兵奔北坡，炮兵并排北边跑……呼……我快喘不过来气啦！演讲不仅要注意仪态、气息、发声位置，还要注意唇、齿、舌、牙、腭的配合发力，我感觉自己的脑子和嘴巴都忙不过来了！

我们坚持不懈地练习，就是为了形成肌肉记忆，使习惯成自然。而且现在的你，已经比上课前的自己进步了。所以，不要急着休息，我们再坚持一下，一起复习一遍之前介绍的灵活口腔操吧！

涯叔

即兴分享：有趣的名字

每个人都有名字，你知道自己的名字有什么寓意吗？爸爸妈妈为什么要给你取这个名字呢？如果你不知道，那就去问问他们吧！

别人的名字也很有意思。比如很多名人的名字就涉及一些有趣的故事，你也可以去了解一下。当然，你的亲朋好友、同学老师的名字里，也有一些很有特色，不妨去问问他们，了解其名字的含义和来历。

听别人讲的时候，如果有感兴趣的或不理解的内容，可以向讲的人提出来，以进一步了解相关信息。有条件的话，也可以做好记录，以加深印象。

选择两三个你觉得最有趣的名字，先对家人讲一讲。如果你觉得自己讲得不错，可以跟老师申请向全班同学分享。

训练提示

1. 了解别人名字的时候，学会有效提问，帮助自己更好地捕捉信息。

2. 要懂得倾听，在别人讲话的时候，要礼貌地回应。

3. 了解相关信息以后，可以尝试复述几遍，看自己能不能把了解到的信息讲清楚。

4. 正式分享的时候，要有开场白和结束语，做到内容完整、条理清晰。

思考一下

你是否坚持练习灵活口腔操了？在分享"有趣的名字"时，你口齿清晰吗？只有坚持练习，才能获得更好的效果哟！同学们，一起加油吧！

如何让声音更动听
——发声练得好，"言值"才更高

模仿 丹田练习

气息控制

情景小剧场

小文同学

涯叔，平时我看电视的时候，觉得主持人、播音员的声音都好悦耳呀，就像乐曲一样动听。为什么我自己演讲的时候声音就跟驴叫似的？

别着急！就像智能语音助手无法代替人类主持晚会、演讲一样，我们每个人的声音包含着独特的情感。不过，我们确实可以通过训练让自己的声音更动听哟！

涯叔

嗯啊！嗯啊！

我们赶快去练习吧！

演讲加油站

声音是由物体振动而产生的。在我们的日常生活中，其实处处都有声音的存在：汽车鸣笛时，金属膜片振动发出声音；鼓掌时，手掌的动作引发空气振动，从而发出热烈掌声；一滴雨落下后形成气泡，气泡在反复压缩、膨胀的振动过程中产生声波，形成了我们熟悉的雨声；而我们人类则是通过气息冲击声带产生的振动来发声的，说话、唱歌都是如此。在各种各样的声音中，有如水流、鸟鸣一般的悦耳之音，也有许多令人感到不适的噪声，比如用指甲划黑板的声音，想想就让人汗毛竖起！

不同的人的声音会给听者带来不同的感受，比如，动画片中的巫婆和小妖怪的声音通常又尖又细，令人心生惧怕；小朋友的声音清脆响亮，音调偏高，给人以活泼之感。声音同我们的外貌、穿着、涵养一样，都是我们个人形象的一部分。对于想要成为小小演说家的你来说，声音更是你至关重要的"法宝"。我们在训练声音的过程中，该如何找到适合自己且悦耳动听的声音呢？让我们一起来看看吧！

我们在训练初期，首先要建立"何为好"的评判标准，培养"赏析好"的审美能力。此外，我们要掌握从哪些角度去辨别、分析声音，要知道怎样的声音可以称为"好"，要清楚怎么做才能达到"好"。比如，我们可以利用课余时间观看名人大家的演讲视频，在饭后和爸爸妈妈一起看新闻节目，或者通过电台收听塑造力极强的配音作品。演说家、主持人和配音演员们的发声方式会给我们良好的示范，帮助我们建立正确、科学的发声体系。在听的同时，别忘了和爸爸妈妈讨论一下：你最喜欢谁的声音呢？为什么？

学一学，多模仿

在多听的基础上，就该学一学了。你可能要问了，怎么个"学"法呢？这里头可大有学问！首先，我们要学响亮清晰的语言标准，学语气语调的起伏变化，学情感态度的层层递进，学哪些信息被特别强调，学段落如何划分，等等。其次，我们要学表情控制，学形体礼仪，学手眼身步法。学完了，就该模仿了，我们要将所听、所看、所学、所感、所悟融入实践，去尝试、去模仿、去向自己喜欢的演讲风格靠近。久而久之，你会在一次次的实践中摸索出自己的风格，成为舞台上不可替代的演说家。

做自己的小老师

在练习时，我们常常容易出现顾此失彼的问题。有时候，我们专注于对气息、声音的控制，却忽略了表情和仪态；有时候，我们仔细地纠正每一个发音，却用力过猛，导致练习结束后嗓子又干又哑。出现这些情况是很正常的，没有任何一种练习能让我们一步到位、一劳永逸，但我们不能任由错误的习惯慢慢养成，要学会及时自我检查、自我纠正。我们可以借助手机或录音笔等设备记录自己练习的过程。在练习结束后，我们可以回放录像或录音，自己挑毛病、找问题；也可以每完成一个阶段的练习后就在家中做一次汇报，向家人展示自己最近所学的内容，听听他们如何评价。

小试牛刀

小文同学

> 涯叔，听了你的建议，最近我一直在看《我是演说家》，一边看一边模仿，真的有了很大的进步呢！

> 你真是太棒啦！那接下来，我再教你几个绝招，它们可是声乐和戏剧工作者的基本功呢！没错，演讲也是一种关于声音的表演，演讲和表演的很多技巧其实是相通的。快来跟我学习吧！

涯叔

同学们，你们跟爸爸妈妈一起看过话剧吗？你们有没有注意到，话剧演员说话的时候中气十足，声音十分有穿透力和感染力？而且，话剧演员每天要讲那么多话，他们如何保护嗓子呢？下面就让我们一起来揭晓谜底吧！

老师在指导同学们学习声乐和台词时常常说："要用丹田发力。"同学们就会问了，这个神秘的丹田到底在哪里？老师接着就会告诉大家："人的肚脐下方约三寸处，谓之丹田。"可是这个丹田既看不见又摸不着，我们要怎么用它发力呢？别着急，今天，我们就来找一找神秘的丹田。有了它的助力，我们的练习就会事半功倍！

我们常听人说，这个人说话很有底气，或者这个人说话中气十足。这里的"有底气"和"中气十足"，指的就是一个人说话时有充沛的气息。

所谓丹田发力是指靠身体的内部深层肌肉做运动。唱歌、说话本质上是一种运动，如果我们做不到用丹田发力，那么我们发出的声音听起来就会单薄无力，没有质感。俗话说"人活一口气"，很多其他的运动，比如武术或者健身强调运用核心力量，其实运用核心力量就是指丹田发力。

我们只有学习并掌握如何用丹田发力，发出的声音才会扎实饱满、有穿透力。可以说，丹田是我们声音能量的源头。接下来，我们将通过几个小练习找到丹田的位置，并尝试用丹田发力。

1. 平躺在地面上，让背部尽可能地贴合地面。不要仰头，放松喉部，以便气流通过。手掌覆于肚脐下方，想象腹中装着一个还没有充气的气球。通过鼻腔深深吸气，感受手掌下的"气球"一点一点膨胀；呼气时，丹田就像扎紧的气球上出现了一个小出气口，让气流匀速缓慢地通过口腔吐出。

2.身体向前弯曲成90度角，双手叉腰，通过鼻吸口呼感受腹中"气球"的膨胀与收缩，两肋也随之自然扩张和收缩。在这个练习中，我们对于丹田所在位置的感受将更为具体清晰。

3.身体保持中立，膝盖微弯形成"扎马步"体态，手提或抱着重物（视个人情况量力而行），比如矿泉水、书、大米等，只要能给自己带来负重感即可。通常，在我们持重物时，丹田会发力帮助我们的身体减负，这个时候我们可以大声说几句简单的话，比如成语、古诗、开场白之类的，我们会发现自己的声音比平时更扎实、更有力，这就是丹田发力后发声的效果。

不可忽视的气息控制练习

意大利男高音歌唱家卡鲁索说："在所有学习歌唱的人中，谁掌握了正确的呼吸方法，谁就成功了一半。"说话和唱歌的发声方式是相通的，气息是发声的动力，更是各种声音的"能源"。生活中人的呼吸是自然发生的，但艺术领域对于呼吸的持久、平稳以及及时补换有着更高的要求。要想掌握控制气息的方法，就要对呼吸肌肉群的控制进行针对性训练。

1.打哈欠。当我们打哈欠时，身体处于一种自然舒展状态。

注意肩不要随着吸气上耸，两肋自然外扩，吸气时腰腹部用力，然后保持吸气时腹肌的用力状态缓缓呼气。吸气的同时，软腭、硬腭都有向上的感觉，而舌根有不自觉的下放感，从而使口腔内有充分的空间，这就叫打开口腔。

2. 吹蜡烛。想象此时面前有一根燃烧的蜡烛，我们轻轻地、缓缓地吹动烛芯、使烛焰不规则地摇摆，闪烁着却不熄灭。这需要我们对呼气的力度与时长进行准确的把控。

3. 倒吸气。体验突然受到惊吓时快速倒吸一口气，以及感到震惊后缓缓地倒吸气。这个练习更强调对吸气的控制，我们要从中体验快节奏吸气时腰腹肌肉群的迅速配合发力，以及慢节奏吸气时身体产生变化的过程。

4. 小狗喘气。双唇微张，双手叉腰，模仿小狗感到炎热时吐着舌头快速喘气的状态。此时，我们可以清晰地感受到高频呼吸时腰腹处的跳跃感。

5. 咬牙发"嘶"音。上齿与下齿自然闭合，不用咬得太紧，模仿蛇发出"嘶"的声音。初期练习时，可以将手掌放在嘴前，感受气流传递到掌心。

6. 超长绕口令练习。"出东门，过大桥，大桥底下一树枣儿，拿着杆子去打枣儿，青的多，红的少。一个枣儿，两个枣儿，三个枣儿，四个枣儿，五个枣儿，六个枣儿，七个枣儿，

八个枣儿，九个枣儿，十个枣儿。这是一段绕口令，一口气说完才算好！"开始练习的时候，中间可以适当换气，练到可以熟练控制气息时，逐渐减少换气次数；最后争取一口气说完，甚至再多说几个"枣儿"，还要说得清晰响亮。

关于发声的更多技巧

以上都是比较专业的发声练习。很多同学肯定会问，如果我没有那么多时间练习，没有老师指导，也不需要成为主持人、演员之类的，有没有更简单的练习方法呢？

涯叔给你们介绍一个简单的技巧——控制好音量。

对于听众来说，演讲者的声音得让他感到轻松、舒服，他才听得进去、听得下去。没人喜欢听那种听起来特别费力的讲话，其中最费力的一种就是竖起耳朵才能听清楚，甚至竖起耳朵都听不清楚。

我们跟一个人说话，距离不一样，音量就会不一样。离得近，说悄悄话是一种感觉；离得远，喊话才能听见又是另外一种感觉。离得近的时候如果说话太大声，就会让人觉得吵闹，让人不舒服；离得远的时候如果说话太小声，就会让人听不清，感觉很费力。所以，控制好声音的"距离"是非常重要的。

公众演讲一般是在人多的场合进行，演讲者和听众之间往往还隔着讲台和座位。在这样的情况下，最基本的要求，就是用洪亮的声音说话。总之，公众演讲的发声要诀就是 6 个字：底气足，音量够。

　　当然，发声除了关注音量，还要留意声音的高低、强弱、虚实等。对此，我们可以在平常的练习中多加体会和感受。有兴趣的话，也可以学习一些播音和台词相关专业课程。对于演讲入门者来说，能底气十足，并能根据与听众的距离控制自己的音量，就已经很不错了。

京剧"后四大须生"之一的奚啸伯先生，以其委婉细腻、清新高雅的唱念艺术和出众的表演才华，深受观众的喜爱。他不止一次地对人说："论嗓子我不如谭富英，论扮相我不如马连良。"但他不甘居人后，勇于探索。据说，他每日清晨必到安定门喊嗓，寒来暑往、日复一日，竟把安定门外城门垛子上的一块砖都给喊凹了。后来，奚啸伯先生终于掌握了以字定腔、以情行腔、错骨不离骨等科学发声方法，把"一七辙""人辰辙"升华到新的高度，形成自己独特的风格。

小文同学

涯叔，我现在一说话就会不自觉地去感受丹田的力量，气息也平稳、持久了很多，感觉声音真的比之前更加扎实饱满了！

要想"言值"高，就得功夫深，好声音的背后是真功夫！你做得非常棒！涯叔期待着你更上一层楼！

涯叔

表达力课堂

即兴发言：自我介绍

在一个新环境中，10分钟之内找到至少10个你不认识的同学，与他们互相告知自己的情况（做自我介绍，介绍内容包括姓名、班级、问候语等），并记住对方的信息，记得越多越好。

训练提示

1.如果只能用一个最显著的个人特点让别人迅速记住你，你会想到什么呢？

这个特点就是你的个人标签。

可以是"吃货"，也可以是旅游达人，或者"学霸"、运动健将、编程小能手……

注意，最好只说一个特点，说多了反而会显得没有特色。

2.发言时间在1分钟以内，分享的内容在200字左右。

3.脱稿，熟练、流利、自然地表达。

4.普通话标准，声音洪亮，语言流畅。

5.服装得体，动作大方，表情丰富。

6.与听众互动，使现场有掌声或笑声。

7.内容生动，形式活泼，别具一格，一定要体现自己的个性。

8.完整介绍流程：称谓—问候—名字—班级—籍贯—个性—座右铭—爱好—其他—祝福—致谢。

思考一下

在进行自我介绍时，你找到用丹田发力的感觉了吗？比较一下自己的声音和同学的声音，你觉得谁的声音更好听、中气更足？

如何让你的演讲有抑有扬
——语调拿捏好，轻重也重要

重音

四大调

"形音义"法

情景小剧场

小文同学

"爱你孤身走暗巷，爱你不跪的模样……"

看来我们的小文同学最近迷上唱歌了！你别说，都是拿着话筒站在舞台中央，唱歌和演讲还真有很多相似之处呢！演讲也要拿捏好音调和声音的轻重，这样听起来才有抑有扬、有起有伏。

涯叔

小文同学

原来好的演讲像波浪呀！

演讲加油站

优美的音乐有高低起伏的变化，动人的演讲亦然。通过练习，我们可以巧妙地将高、低、轻、重音搭配起来，让语言在耳中跳跃。

重音如鼓点，演讲有落点

我们在欣赏音乐作品的时候听到的鼓点能为音乐提供一种节奏感。在一句话中，每个字都承担了不同的任务，有轻重、主次之分。重音是指一句话中重要的、需要被强调的部分。在演讲中，重音就像鼓点一样，一拍一拍地把重点信息送进听众的耳朵和心里。

同样一句话，由于重音位置的移动，表意的重点会发生变化。示例：

今天我来这儿讲课。（明天不来）

今天我来这儿讲课。（不是别人来）

今天我来这儿讲课。（不是在别处讲）

今天我来这儿讲课。（不是来聊天）

由此可见，重音的位置对语义有重要影响。应该将重音分配到哪些字词上，需要你作为指挥官来谨慎决断。重音的选择没有万能公式可套用，任何一句话都不是独立存在的，要根据自己想强调的重点来确定。

认识四大调

在汉语中，字有字调，句有句调。调是有声语言所特有的，它是句子的语音标志，任何句子都带有一定的语调。有了语调，有声语言才有极强的表现力。语调根据表示的语气和情感态度的不同，可分为 4 种：平调、升调、降调、曲调。

1. 平调：语调平稳，没有明显的升降变化，语句音高变化不明显。平调一般用于叙述和说明，以及表示庄重、严肃、神秘、冷淡、思索、迟疑等。示例：

我家的后面有一个很大的园，相传叫作百草园。（叙述、说明）

烈士的英名和事迹将永垂不朽。（庄重、严肃）

注意呀！这里面大有文章。（神秘）

你爱怎么干就怎么干吧。（冷淡）

这个问题，我再想想。（思索、迟疑）

2. 升调：语句音高逐渐升高，句首较低，句尾明显升高。升调常用于表示疑问、反诘、惊异、命令、号召等。示例：

"这儿到底出了什么事？"奥楚蔑洛夫挤进人群里去，问

道，"你在这儿干什么？你究竟为什么举着那个手指头？……谁在嚷？"（疑问）

草屋竟然变成了楼房！（惊异）

都别动！（命令）

大家赶快行动起来吧！（号召）

3. 降调：语调先平后降，句尾明显下降，末字低而短。降调一般用于感叹句、祈使句、陈述句，表示感叹、劝阻、沉重、允许、悲凉等。示例：

多么勤劳、善良的人民啊！（感叹）

哥哥，你快别说了！（劝阻）

读小学的时候，我的外祖母去世了。（沉重）

好，就照你的方案办吧。（允许）

然后他呆在那儿，头靠着墙壁，话也不说，只向我们做了一个手势："散学了，你们走吧。"（悲凉）

4. 曲调：语句音高曲折变化，对句子中的某些音节特别地加重、加高或延长，形成一种升降曲折的调子。曲调常用来表示诙谐、讽刺、意外等较为特殊的语气。示例：

哎呀呀，你把我说成神仙了。（诙谐）

你好，你比谁都好。（讽刺）

啊？这次我又输了？（意外）

小试牛刀

小文同学

涯叔，我最近还真从唱歌里琢磨出了些道理，反正一成不变的就不好听，有变化才有美感！

你总结得很对。俗话说，"文似看山不喜平"，其实说话也是一样的！前面我们学习了重音和四大调，下面就该练习一下啦！

涯叔

接下来，我们先来复习一下四大调，再体会一下不同的重音对语意的影响；最后，涯叔带大家学习一些表演的技巧，让大家的表达变得与众不同。

请尝试把它们读出来

山河美丽　天然宝藏　中流砥柱　工农子弟　千锤百炼

层出不穷　身强体健　光明磊落　山明水秀　花红柳绿

风调雨顺	阴阳上去	百炼成钢	波澜壮阔	暴风骤雨
壁垒森严	排山倒海	灿烂光明	喷薄欲出	鹏程万里
普天同庆	满园春色	名不虚传	满腔热情	目不转睛
发愤图强	从容就义	翻江倒海	丰功伟绩	赴汤蹈火
大快人心	当机立断	颠扑不破	斗志昂扬	谈笑风生
沧海一粟	滔滔不绝	天衣无缝	推陈出新	鸟语花香
逆水行舟	能者多劳	宁死不屈	老当益壮	自知之明
雷厉风行	力挽狂澜	龙飞凤舞	盖世无双	高瞻远瞩
攻无不克	光彩夺目	再接再厉	慷慨激昂	克敌制胜
快马加鞭	豪言壮语	和风细雨	横扫千军	呼风唤雨
艰苦奋斗	责无旁贷	锦绣河山	继往开来	举世无双
千军万马	气壮山河	晴天霹雳	喜笑颜开	赞不绝口
响彻云霄	心潮澎湃	栩栩如生	辗转反侧	朝气蓬勃
咫尺天涯	专心致志	超群绝伦	如火如荼	称心如意

把握形音义，巧妙画重点

　　演讲中声音变化的关键其实在于"画重点"：有降，才有升；有轻，才有重；有普通的音色，才能让特殊的音色格外吸引人。那我们要怎样在演讲中"画重点"呢？

　　涯叔向你们分享一个很巧妙、实用的方法，那就是"形音义"法。"形"，指词的视觉形象；"音"，指词的听觉形象；"义"，指词的本质含义。试着从形、音、义3个方面综合理解词，用不同的声音形式来强调重点吧。

"长颈鹿很高，可是灌木丛很矮。"（长颈鹿的"高"可以用高声调强调；灌木丛的"矮"可以用低声调强调。）

"细碎的舞步，脉脉含情的眼神，结合长线条的舞姿，构成一幅流动的画卷。"（这段话中的重音是"细碎""脉脉含情""长线条"。从词的形、音、义出发便可找到强调的方式：可以用轻而短的声音读出"细碎"，用弱而柔的声音读出"脉脉含情"，用长而舒展的声音读出"长线条"。）

声音模拟，让听众一秒"入戏"

同学们，你们有没有注意到，不同的人，甚至同一个人在不同的情景下，说话的方式都是不一样的？在演讲中，我们可以运用一些表演的技巧让我们的表达更加丰富。

试着根据不同的人物设定把下面几句话"演"出来吧！

1."妈妈，再见！"

——可爱的小姑娘娇声嫩气地向妈妈告别。

——幸福的青年轻松愉快地向妈妈告别。

——不幸的人声音颤抖着忍痛向妈妈告别。

2."爸爸，我就是不去！"

——任性的小男孩抗拒爸爸的命令。

——倔强的小伙子坚定地向爸爸做出答复。

3.“我的孩子，你在哪里呀？”

——年轻的妈妈（爸爸）正在和小宝宝捉迷藏。

——年轻的妈妈（爸爸）焦急地寻找孩子。

——年老的母亲（父亲）思念儿女。

知识锦囊

　　我国著名演说家曲啸在 20 世纪 80 年代初做的几场演讲真是一鸣惊人，令众人叹服。当有人称他有"天生的好口才"时，他笑着说："哪儿来的天才呀？不敢当。我小时性格内向，说话还口吃，越急越结巴，有时涨得脸通红也说不出话来……"曲啸练口才也吃了不少苦，比如为开阔心胸，训练心理素质，他常在早晨迎着寒风跑到沙滩上高声背诵高尔基的散文诗《海燕》。他不放过一切"说"的机会，积极参加辩论会、演讲比赛、朗诵会、话剧演出，终于在高中阶段崭露头角。在一次纪念会上，他拿着一份简单的提纲，一口气竟做了两个小时的精彩演讲。曲啸经历了多年的人生磨难，生活的锤炼使他的口才达到了炉火纯青的地步。

小文同学
涯叔，虽然我没有听过曲啸先生的演讲，但我觉得那一定是有抑有扬、起伏变化的。这样的演讲，我听两个小时也一定不觉得累！

是呀！不过你也不用太羡慕。熟练掌握演讲的技巧，你也可以成为令人称赞的小小演说家！
涯叔

表达力课堂

情境沟通：劝说

当看到同学和朋友们做出不合理的行为，你会不会进行劝说呢？怎样劝说效果才更好呢？

比如，有的同学在上课的时候偷偷看课外书；有的同学不遵守交通规则，闯红灯或者横穿马路；你的朋友喜欢玩手机游戏，一玩就是一两个小时……

如果遇到这样的情况，你觉得怎么劝说他们，效果会更好呢？

训练提示

1. 了解情况才有发言权，要讲事实，不要只是主观臆测。
2. 一定要注意说话的语气，不能用指责的口吻。
3. 多站在别人的角度考虑，这样你的劝说才更容易让人接受。

思考一下

在"劝说"这个沟通情境下，你觉得音调和语气应该是怎样的呢？是义正词严般高亢，还是春风化雨般轻柔？面对不同的劝说对象和劝说目的，你会采用怎样的音调和语气呢？

如何让你的演讲有顿有挫
——巧妙留停顿，演讲有节奏

要素三问法

符号笔记法

情景小剧场

小文同学

出东门过大桥大桥底下一树枣儿拿着杆子去打枣儿青的多红的少一个枣儿两个枣儿……呼！涯叔，我最近说绕口令好像进步了不少，但是我现在快要喘不过气来啦，呼呼！

哈哈哈……一口气说完绕口令只是一种气息练习方式。我们在演讲中可不能说话不喘气儿呀。会停顿，我们才能更好地演讲！

涯叔

演讲加油站

　　要想成为站在台上出口成章、妙语连珠的演说家，我们就要学会处理大段的、完整的演讲稿。拿到一篇写有密密麻麻的文字的演讲稿后，我们该从何下手呢？别着急，我们来学习几个小技巧，给这些文字赋予节奏感。

　　在日常生活中，我们的言语交流是自然产生的，可以不加修饰，而进行一场具有感染力、吸引力和号召力的优秀演讲，需要演讲者将生活中的语言用一定的表现手段加以提炼，有意识地进行升华，以达到更好的演讲效果。

　　我们说话时的间歇叫作停顿。书面语言用标点符号来表示停顿，口头语言则根据我们的思维活动、情感起伏、自然呼吸的需要而进行各种不同的停顿。我们在演讲中的停顿往往需要经过有意识的精心推敲和设计。如何理解停顿？如何划分停顿？如何处理停顿？接下来，就让涯叔为你一一揭晓答案吧。

要素三问法，巧妙学停顿

　　在学习和生活中，养成"做事三问"的习惯，可以帮助我们厘清思路，做到知其然且知其所以然。那么"要素三问法"

应该如何运用呢？我们就以本课的关键内容"停顿"为例，来看看如何运用这种方法针对"停顿"提问。

What：停顿是什么？

Why：为什么要停顿？

How：在哪里停顿？如何停顿？

提出问题，利用所学解答问题，在思考中又会不断地发现新的问题。古人云："学贵有疑，小疑则小进，大疑则大进。""疑"是我们打开知识大门的金钥匙。

符号笔记法，轻松画停顿

俗话说："好记性不如烂笔头。"面对大段需要理解的文字时，我们需要迅速进行划分段落、分析停顿、为生字标注拼音、理解语义语境、感受情感态度等准备工作，光靠脑子想很容易陷入混乱，顾此失彼。其实，只要拿出一支铅笔，我们就可以顺利渡过难关啦！下面，我们一起来运用"符号笔记法"。

1.将阿拉伯数字标注在每一自然段的起始处，以划分段落。

2.用波浪线画出文章的中心句。

3.当一段文字内容较长，介绍了好几件事或者一件事的好几个方面，我们可以将"‖"标注在句尾以划分层次，使用数字符号来表明事件的先后顺序。

4.使用"/"划分语节，标注语句中需要停顿的地方。

5. 在需要重读的字词下方画一个实心点，在需要弱读的字词下方画一个空心小圆圈。

勤用这些符号，不仅可以帮助我们梳理思路，还能促进我们养成良好的阅读习惯。运用"符号笔记法"后，文章不再是密密麻麻的方块字，而是像跳跃在乐谱上的音符那般有抑扬、有节奏。

反复"磨人工"，停顿方式多

根据所学的方法完成对文章的标注，并不代表大功告成，因为此时我们只是凭感觉对文章进行了模糊的、想当然的初步理解。在之后的反复练习中，随着对文章的熟悉，我们可能会觉得之前的停顿方案并不是最佳的，会根据新的理解寻找新的停顿方式。这种反复调整修改的工作会始终伴随着我们，"不断推翻—不断重建"正是我们不断进步的过程。

小试牛刀

小文同学

涯叔，我在书上看到一句话："下雨天留客天留我不留。"这句话是什么意思呀？它没有标点符号，我又该怎么停顿呢？

涯叔

小文同学越来越会提问啦！这是著名的无标点符号的句子，涯叔抛砖引玉，给你提供两种停顿方式：第一种是"下雨天留客，天留我不留"，第二种是"下雨天，留客天，留我不？留"。你猜猜在这两种停顿方式中，客人到底是"留"还是"没留"呢？你还能想到其他的停顿方式吗？

想不到吧？停顿也有大学问。英国侦探小说家威尔基·柯林斯在分享创作小说的方法时曾说："让他们笑，让他们哭，让他们等。最重要的是让他们等，如果他们不愿意等的话，几乎可以断定他们也不会笑或者哭。"文学创作中留白可引发想象，绘画艺术中留白天地宽，演讲艺术中留白则意无穷。停顿是演讲中精巧的留白，是演讲不可或缺的一部分。

演讲中如何确定停顿

停顿可以帮助我们组织和整理长句子，使我们的演讲条理清晰、文理通顺。下面让我们按照所学方法，用例句练一练如何确定停顿吧！

1. 标点符号处的停顿

美术课上，老师教同学们画风景，要画上树、房子和小山。

乌鸦听了狐狸的话，得意极了，就唱起歌来。"哇……"它刚一张嘴，肉就掉下来了。

2. 段落结束处的停顿

3. 因思考而做出的停顿

我觉得 / 这样做是不对的。

可是 / 我还没想好要不要见他。

4. 为强调某一信息而做出的停顿

今天是六一儿童节，爸爸妈妈答应带我去 / 游 / 乐 / 园！

前方 / 也许会遇到许多无法想象的危险！

5. 逻辑停顿

有些句子虽然没有标点符号，但根据表情达意的需要，也需要进行停顿处理。

风浪 / 考验舵公的胆量，困难 / 试验人的坚强。

虚心 / 使人进步，骄傲 / 使人落后。

同样的一句话因停顿不同，意思和结构形式也不同。如果没有完全掌握想要表达的主题，随意停顿，就会改变语义，或是打乱语句的逻辑。下面的例句由于停顿不同，意思也完全不同。试着读一读吧！

1. 妈妈说我不对。（我错了）

妈妈说我 / 不对。（妈妈说错了）

妈妈说："我不对！"（妈妈错了）

2. 无鸡鸭亦可，无鱼肉亦可，青菜一碟足矣。（要青菜）

无鸡，鸭亦可；无鱼，肉亦可；青菜，一碟足矣。（要鸭、肉、一碟青菜）

3. 我看见他 / 很高兴。（高兴的是我）

我看见 / 他很高兴。（高兴的是他）

停顿花样多，效果各不同。

小小的停顿有急停、渐收、缓起、突扬等多种处理方式，它们的表达效果各不相同。同学们可以试着在自己的演讲中运用这些停顿方式去感受语言的无穷魅力。

1. 急停：急刹车式停顿，通常语速较快，语气较重。

2. 渐收：停顿前缓缓收住，给人以言有尽而意无穷之感。

3. 缓起：停顿后再次开口，不疾不徐，娓娓道来。

4. 突扬：停顿后急发声，快吐字。

1858 年，当林肯与道格拉斯竞选参议员时，两人对于是否废除奴隶制争论不休。林肯在最后一次辩说中，突然停顿下来，默默站了一分钟。他望着面前的听众，眼睛里似乎蓄满泪水，双手紧紧地握在一起。然后，他说道："朋友们，不管是道格拉斯法官还是我自己被选入美国参议院，都是无关紧要的，一点关系也没有；我们今天提出的这个重大问题才是最重要的，远胜过任何个人的利益和任何个人的政治前途。朋友们……"说到这里，他又停了下来。听众们屏息等待，唯恐漏掉一个字。"即使到道格拉斯法官和我自己的那条可怜、脆弱、无用的舌头已经安息在坟墓中时，这个问题仍将继续存在、呼吸及燃烧。"他补充道。

林肯在演讲中途的停顿让听众的心突然悬了起来，使听众将注意力集中在他将要说的内容上。此时，如果林肯继续演讲，听众自然会认真倾听他所强调的问题，从而明白这个问题的重要性。

小文同学

这节课真是太颠覆我的认知了！以前我总觉得演讲就应该跟连珠炮似的，所以在台上一刻也不敢停，演讲起来就像背课文一样。现在我知道了，不能怕停顿，要敢停下，这样才能更好地和听众沟通，更好地表达自己的想法。

涯叔

你这一番心得真是让我喜出望外啊！小文同学，你真是进步飞速！我相信，下次站在演讲台上的，一定是一个更加自信、更加自如的你，我期待你的表现！

情境沟通：安慰

我们难免会碰到不顺心的事情，这个时候，如果有人给予我们安慰，我们就会感到很温暖，心情也会好很多。

如果你的朋友遇到了以下情况，你会怎么安慰他们呢？

小涛在考试之前突然患了重感冒，导致无法复习，考试成绩也不理想，他因此很失落。

因为父母工作调动，小晴要转学去另一个城市了，这意味着她要离开熟悉的同学、朋友和老师，她非常不舍。

小涵在春游的时候不小心把心爱的电话手表弄丢了，她很自责。

大家可以两两分组，选择一种情况进行角色扮演，之后讨论一下刚才的安慰是否合理有效；然后切换角色再次扮演；最后总结一些在安慰过程中需要注意的问题和原则并制成清单。

1.设身处地想一想对方的心情，选择合适的方式进行安慰。

2.安慰对方时，要尽量避开对方忌讳的话题和字眼，一定要理解和认同对方的情绪，给予对方情感上的关怀，让对方感受到你的真诚和友善。

3.借助语调、手势等恰当地表达自己的情感。

思考一下

在"安慰"这个沟通情境下，你会根据对方的反馈及时做出停顿吗？你觉得合适的停顿对于安慰他人、表达自己的关心有怎样的作用呢？

第 3 章

小小演说家是如何练成的

从有稿到脱稿的 3 个秘诀

第 8 课

如何做到脱稿演讲不忘词
——"三记"方法好，娓娓道来妙

记大纲

记画面

记口语

情景小剧场

小文同学

涯叔，下周学校有一场演讲比赛，我已经摩拳擦掌、跃跃欲试啦！不过涯叔，现在有个小问题，就是我在排练的时候总忘词……哎呀，脱稿演讲怎么这么难呀！

你是不是有时在台下练习得好好的，但一上台就大脑一片空白，什么也想不起来了？没关系，这节课我就教你几招，不仅帮你告别忘词，而且让你演讲自然，从根源上杜绝"朗读式演讲"和"背诵式演讲"。

涯叔

要从根源上解决问题！

我总是忘词！

演讲加油站

演讲分为有稿演讲和脱稿演讲（即兴演讲也是脱稿演讲的一种）。在自我介绍、课堂发言、班干部竞选、国旗下演讲、开学或毕业典礼以及竞技性演讲比赛等各个场合中，我们都可以见到小小演说家的身影，你想不想成为他们中的一员呢？

为了更好地表情达意，获得更理想的沟通效果，在准备时间充裕的情况下，我更推荐同学们进行脱稿演讲。

有的同学可能会困惑：为什么要脱稿演讲呀？我们来思考一下，如果能够提前准备好演讲稿，我们是不是就可以将它读很多遍，做到表达清晰、流畅，不读错字词，不做出错误停顿？再想想，将自己准备的演讲内容烂熟于心以后，我们是不是就可以一直看着台下的听众？那么我们的抬头率是不是高了很多？和现场听众的互动效果是不是也更好了？虽然从信息传达的角度来说，拿着稿件演讲更稳妥，但如果你想充分地影响听众，让他们为你笑、为你哭、为你喝彩、被你感动，那么你一定要尽力做到脱稿演讲。脱稿演讲不仅效果更好，而且更能体现演讲者对听众的尊敬和重视，也更能锻炼演讲者的综合能力。

可是，涯叔发现，很多同学虽然脱稿了，但演讲时又掉入了"朗读式演讲"和"背诵式演讲"的陷阱。一旦习惯成自然，我们就会失去真正的演讲能力，也就是现场组织语言的能力。

别着急，涯叔有 3 个脱稿演讲的绝招要分享给大家！

记大纲，不要记具体文字

备稿是演讲的第一步。备稿时，要结合本次演讲的主题，在充分查阅资料的基础上，设计出属于自己的演讲大纲，然后一一补充具体内容。做完以上功课，再花时间读一读演讲稿，修改那些读起来费劲的句子，以及不符合自己说话习惯甚至有语病的句子，直到演讲稿的内容和语序都没有任何问题。

同学们，一定要记住，"备稿"指的是准"备"稿件，可不是"背"诵稿件哟！我们参加的是演讲比赛，不是记忆比赛，逐字逐句背诵全文的结果往往是"一句卡壳，整段垮掉"，况且这样的演讲也是讲者索然无味、听者兴致寥寥，失去了演讲的灵魂。

我们应该先把演讲层次划分好，用结构性强的大纲来代替具体的文字，可以借助思维导图、PPT 或手卡等工具来辅助整理。这样做的好处是，我们可以专注于演讲的整体逻辑，即便不小心忘了演讲稿上的文字，只要知道自己处于演讲的哪个阶段，大不了跳过这个部分，直接从下一个部分讲起。演讲的逻辑和素材就像菜谱和原材料一样需要提前准备，而现场组织语言的能力就是我们的厨艺，现场的演讲就是一盘热气腾腾的菜，现炒现吃才是最香的。

同学们，下一次演讲前，试试把演讲稿变成大纲，用大纲进行逻辑训练。只要我们记住了核心要点及主干内容，忘词的可能性就会大大降低；而且即便真的忘词，也能把不利影响降到最低。

记画面，不要记语言

咦？明明是文字稿，哪里来的画面？别急，涯叔不是在开玩笑。还记得语文课上老师教同学们背古诗的时候用了什么方法吗？对！就是借助插图。这个方法我们在现代文的学习中也应用过，用来理解和记忆优美的词句。

梳理完大纲后，"记画面"这个绝招就可以派上用场了。回忆一下，你花两个小时看一部电影和花两个小时看一本书，哪种方式让你记下了更多的细节呢？据说，亚马逊的创始人杰夫·贝索斯的演讲秘诀就是根据演讲大纲，将演讲内容变成3张图，每一张图对应大纲中的一个部分，同时承载着具体的场景、故事等内容。

我们也可以运用这个技巧，在梳理完大纲后，用画面辅助记忆具体的文字内容。让我们带着大脑里的画面踏踏实实地走上舞台吧！

记口语，不要记书面语

说到这里，涯叔也要提醒一下同学们，如果演讲稿写得太书面化，也是不利于脱稿演讲的。我们都知道，阅读的课文是书面语，平时说的话大多是口语。演讲的本质也是说话，只不过是相对正式地公开说话。如果演讲稿写得拗口又晦涩，演讲者如何流畅地表达，听众又如何轻松地理解呢？

所以，写完演讲稿后，建议同学们放声朗读几遍，多问问自己："我平时会这样讲话吗？"可以试着把长句缩短，把拗口的词语变成简单、直白、洗练的形式。此外，还要尽可能地熟悉演讲稿，用自己的话把演讲内容复述出来，把外在的演讲内容内化为表达欲望。

此外，据说 TED 演讲设计了一种新的组稿方法，简单地说，就是先准备演讲素材，但不背诵相关素材；熟悉素材之后，先口述几次，将录音整理为文字稿，然后对文字稿进行优化，并在多次口述中反复打磨、不断润色，直至最终定稿。采用这种方法的好处是，演讲内容脱胎于口语表达，因此成文后通顺好记、适合演讲。

其实，不管运用哪种方法，我们只要记住演讲的本质是说话，就不会脱离要义。或许有一天，你站在舞台上的时候会突然冒出一些奇思妙想，并把这些新的想法融入自己的演讲，自然流畅地表达出来。到那时，你一定能感受到身为演讲者的自由和快乐！

小试牛刀

涯叔，你帮我治好了我脱稿演讲的一大"心病"，那就是忘词！对于下周的演讲比赛，我现在信心满满！

有信心是非常好的，我也非常期待你的表现！那么在赛前准备的这段时间，我再给你推荐一个训练妙招——复述练习。想当年，我也是通过坚持不懈的复述练习练好了脱稿演讲的基本功呢！

复述练习是一种很好的脱稿演讲训练方法，对提升我们的语言组织能力大有裨益。所谓复述，简单地说就是把别人的话重复叙述一遍。训练的时候，可以分 4 个步骤讲述一个故事：朗读这个故事（陈述）、复述这个故事（复述）、简述这个故事（归纳复述）、详述这个故事（演绎复述）。切记，在讲述故事的过程中，不要背诵原文，要用自己的语言表达。

复述练习可以很好地提升表达的连贯性，训练你的语言组织能力和现场构思能力。如果能面对众人复述就更好了，这样可以锻炼你的胆量，帮你克服紧张，让你更加自信和从容。

翻开小学语文课本，我们会发现许多单元都安排了与复述相关的内容，可见复述是一种非常重要的表达能力训练方法。我们可以找一位同学一起来练习：首先请对方随便讲一个话题或一个故事，自己先注意倾听，然后向对方复述一遍。

知识锦囊

　　苹果公司的创始人乔布斯是一位公认的优秀演讲者。苹果公司每一次的新品发布会总会牵动全世界无数人的心，而乔布斯的演讲无疑在其中发挥了重要作用——他激情澎湃的脱稿演讲总是大家期待的重头戏之一。

　　据说，乔布斯会花费大量的时间来准备他在新品发布会上的演讲。他有一些独特的演讲技巧，其中就包括通过极简风格的图画式、大纲式幻灯片来记忆演讲内容。

小文同学

> 我也想做一位像乔布斯那样的演讲者！我决定，以后演讲一定要脱稿。而且，有了涯叔的妙招，我觉得自己再也不会忘词了！

涯叔

> 迈向脱稿演讲就步入了一个新的学习阶段。脱稿演讲的最高境界就是听众甚至看不出你准备了——整个演讲就像即兴发挥那样浑然天成，充满真诚感、互动感。为了达到这个目标，我们要练习、练习、再练习，直到演讲稿不再成为束缚，而是即兴发挥的起点。

复述练习 1：我最喜欢的历史故事

中华五千年文明有许多生动有趣的历史故事。从酒池肉林到烽火戏诸侯，从商鞅立木到卧薪尝胆，从凿壁偷光到三顾茅庐……这些历史故事历经千百年仍然广为流传，给人智慧与启迪。

比如下面这个经典的历史故事。

司马光砸缸

"群儿戏于庭，一儿登瓮，足跌没水中。众皆弃去，光持石击瓮破之，水迸，儿得活。"

我们可以试着用"四步法"围绕这个历史故事进行复述练习。

1. 翻译：先大声朗读原文，然后试着用现代汉语翻译其意思。

2. 复述：翻译之后，进行复述练习，注意使复述的内容口语化、生动化，注重交流感，切忌背诵，不必直译原文，争取做到人人登台、脱稿分享。

3. 演讲：在复述的基础上，用打腹稿的方式创作一篇演讲稿，一一上台与同学们进行分享（1~2分钟）。

4.即兴：进行完整的"故事复述"（2~3分钟）+"即兴感悟"（2~3分钟）分享，"即兴感悟"要做到主题明确、条理清晰，重要观点要有例子作为支撑。

举办一场历史故事会吧！每个人选择一个自己最喜欢的历史故事分享给同学们。讲完以后，尽量获取大家的反馈，询问同学们有没有听明白，自己还有哪些地方需要改进。

训练提示

1.准备几张小卡片，将故事中的重要信息写在小卡片上，用于提示所讲述的内容。

2.讲故事的时候使用恰当的语气和肢体语言，这样可以让表达更生动、更吸引人。

3.获取反馈的时候认真记录，及时复盘和改进。

思考一下

你是怎样记住这个故事的？在复述故事的时候，你的头脑里有大纲或画面吗？同学们觉得你讲的故事通俗易懂吗？在这次复述练习中，你有哪些收获？快和同学们分享一下吧！

复述练习 2：我给大家讲新闻

新闻每天都有，通过网络、电视、广播、报纸，我们可以了解到很多新闻。

从你最近了解的新闻中选一则令你印象最深的分享给同学们，比如下面这则新闻：

近日，成都市第一人民医院医护人员的朋友圈和微信群里，流传着一张温馨的照片。照片中，一名身穿绿色手术隔离服的医生举着手机，手机正播放着动画片；患儿躺在手术台上，右眼蒙着纱布，左眼看着屏幕。

你会怎么分享这则新闻呢？

除了分享新闻事实，你还可以加上自己对这则新闻的看法哟！

训练提示

1. 尽量选择有社会意义和教育意义的新闻。

2. 复述新闻要力求准确，把新闻的来源和内容讲清楚，不要随意更改新闻的内容。

3. 复述新闻的时候要注意合理运用表达技巧，做到声音响亮、清晰、连贯、得体地表达。

思考一下

你觉得复述好一则新闻最重要的是什么？复述新闻和复述历史故事有什么不同呢？经过这两次复述练习，你收获了什么经验呢？快和同学们分享一下吧！

第 9 课

如何做到即兴演讲也精彩
——现场不露怯，自信侃侃谈

巧用互动
趣讲故事
即兴朗读

打腹稿

情景小剧场

小文同学，你是不是生病了？怎么闭着眼睛，头上汗涔涔的，身体还一直在发抖？

涯叔

小文同学

涯叔，不瞒你说，我下个月就要参加演讲比赛了，我刚才在脑海里排练了一遍。我想象自己站在舞台上，炫目的灯光打在我的脸上，听众期待的目光齐刷刷地投向了我；我正要张口，忽然发现大脑一片空白……涯叔，万一我还是不争气地忘词了，那该怎么办呀？

没关系，我们小小演说家的练习正好进入了高级阶段，我们就以此为契机，练一练即兴演讲吧！

涯叔

怎么了？不舒服吗？

我好紧张！

今天我们就随便聊点啥吧！

演讲加油站

即兴演讲，指的是当即的、即席的、没有稿件的演讲。你在舞台上忘词时，也许会被动地进入这种状态，但其实它是演讲中的"高级状态"，是很多演讲高手主动寻求的一种挑战自我的演讲方式。在很多非常专业的演讲比赛里，我们都可以看到即兴演讲者的精彩表现。

那么回到小文同学的问题，遇到忘词的情况时，涯叔建议你们采用一种"就坡下驴"的方法，那就是干脆即兴演讲。

巧用互动，争取思考时间

如果真的在台上断片儿了，我们可以通过重复提问或者互动的方式，尽可能地为自己争取思考时间，比如与台下的听众进行互动，或是抛出一个问题让听众们"忙"起来。在台上，哪怕争取到几秒都很宝贵，这时我们的大脑会飞速运转，帮我们回想演讲大纲和相关画面。哪怕评委或听众发现你忘词了，也会因为你这番不甘放弃、积极弥补的努力而赞许你。机智的临场发挥比呆呆地站在那里、一副六神无主的样子不知要强多少倍。

趣讲故事，妙选即兴素材

即兴演讲要想引起听众的共鸣，与其讲枯燥的大道理，不如和大家分享几个小故事，用具体的事例把你的观点传达出来。故事既可以是发生在自己身上的，也可以是发生在周围人身上的，更可以是平时读过的、积累在脑子里的素材。人在紧张的时候，也许理不清逻辑，但讲故事几乎是人的本能。可以说，没有不会讲故事的人，也没有不爱听故事的人。

不求完美，但求形式完整

虽然即兴演讲在内容上有很多不确定性，但是我们在其形式上是可以尽量做到完整的。什么叫形式上的完整呢？一是形体礼仪要完整，该有的鞠躬、问好、致谢都要有，站姿、表情也要得体；二是语言表达要完整，该怎么说就怎么说，不要因为发生了一些意外情况就吞吞吐吐、吐字不清；三是内容结构要尽量完整，要有得体的开场白和结束语，要有自己的核心观点和主题词，在展开论述时力求精练、清晰，直言自己的几个观点即可。

小试牛刀

小文同学

涯叔，我现在知道如何在突发情况下把被动的即兴演讲做好了。如果我想主动练习即兴演讲，有什么好方法呢？

小文同学真是越来越长进了，已经会为自己规划目标了！高阶的即兴演讲能力本质上是一种边说边想的语言组织能力。达到这一步，我们离攀上演讲的高峰就不远啦！

涯叔

同学们，即兴演讲有很高的难度，但我们只要掌握科学的方法，经过循序渐进的练习，就可能成为很棒的即兴演讲者。即兴演讲就像爵士乐一样，具有无穷的魅力！

即兴朗读，提升多种能力

同学们可以在完成每日的学习任务之后拿出一本杂志，任意翻到一段，试试看能不能一气呵成地朗读完。在朗读过程中，尽量在读上半句时看杂志，读下半句时抬头看前面（假设前面有听众）。如果能够坚持下来，你会发现自己的记忆能力提升了许多，快速理解能力和即兴构思能力也在增强。

从打腹稿过渡到"手上无剑，心中有剑"

同学们，即兴演讲的形式分为有腹稿的和无腹稿的。有腹稿的即兴演讲是一种很好的训练方法，可以帮助我们循序渐进地提升演讲能力。

刚开始练习的时候，可以先在纸上列提纲，然后把提纲用语言即兴表达出来；之后就可以在心里列提纲，然后用语言即兴表达出来；最后不列提纲，进行即兴演讲。这好似习武者从"手上有剑，心中无剑"到"手上无剑，心中有剑"的修炼过程。

知识锦囊

　　我们都见过长在手上或脚上的茧子，但你见过耳朵上起茧子的吗？

　　美国知名的演说家莱斯·布朗的耳朵上就有这样一个厚厚的茧子。莱斯·布朗一出生就被亲生父母遗弃，小时候也因为智力发展滞后而备受歧视。中学时，他被一位老师激励，加入了演讲社团，立志为像自己一样被命运嘲弄的人发声、呐喊。

　　可是，作为一个无名之辈，谁会邀请他去演讲呢？莱斯·布朗很有自知之明，他决定主动出击。他一天到晚地给人打电话，问别人是否需要请人演讲。有时他一天会打一百多个电话，请求别人给自己一个机会。就这样，天长日久，莱斯·布朗的耳朵硬是被听筒磨出了茧子。

　　后来，莱斯·布朗成了备受欢迎的演说家，他的演讲酬金高达每小时两万美元。他开玩笑说，自己耳朵上的老茧也值几百万美元呢！

小文同学

莱斯·布朗的故事真是振奋人心！我现在觉得即兴演讲也没有那么可怕了。只要敢于站在台上逻辑清晰地表达自己的观点，我们就是胜利者！

这就对啦！让我们在掌握技巧的基础上充分享受演讲带给我们的快乐吧！

涯叔

表达力课堂

即兴分享：我的假期生活

分享一下你的假期生活吧！

假期中，你经历了哪些有趣的事？碰到了哪些有意思的人？有哪些特别的感受和成长？比如：

我回了老家，陪爷爷奶奶干了很多农活；

我和爸爸妈妈一起去了新疆旅行，看到了很多超级美的景色；

我参加了一个夏令营，认识了很多新朋友……

你觉得哪些事能让你的听众——同学们感兴趣呢？大胆地讲出来吧！

训练提示

1. 准备要讲的内容时要学会取舍，尽量选择听众感兴趣的或者令你印象最深刻的事，不要啰唆，将分享时间控制在2 ~ 3分钟。

2. 想好要讲的内容以后，先试着给家人讲一讲，听听他们有什么建议。

3. 分享的时候要考虑听众的感受：声音洪亮一点，语速不要太快，咬字和表意都要清晰。分享假期生活之前，做个自我介绍，养成说开场白的习惯，以加深别人对你的印象。

4. 学会讲故事，在分享中加入更多的细节和感受，以避免演讲空洞和枯燥。

思考一下

在分享假期生活时，你讲故事了吗？你觉得听众对你分享的故事反应如何？如果给你一次机会优化你的即兴分享，你怎样让自己的表述更有声有色呢？

即兴讨论：环保不只是一句口号

我们身边存在哪些环境问题？

为了保护环境，我们可以做些什么？

事先搜集一些关于环保的资料，可以是新闻，也可以是故事，或者是关于环保的短视频，等等。在有条件的情况下，可以在学校和社区周边做一些实地调研。选择你感兴趣的素材进行梳理，形成自己的观点，然后即兴发言。

1.提前打腹稿，想清楚重点说什么、先说什么、后说什么。

2.别人发言的时候，判断其表达是否与话题有关，有没有跑题。

3.提出建议时最好指出解决方案，避免空谈。讨论后，可以选出 10 个简单易行的做法，比如列出"保护环境小建议10 条"，打印并张贴出来。

思考一下

在搜集资料之前，你有"无话可说"的感觉吗？找到资料之后，你又有什么感觉呢？你觉得搜集资料和打腹稿之间是什么关系？俗话说"巧妇难为无米之炊"，要想在即兴演讲中侃侃而谈，我们就要学做生活中的"有心人"

如何培养信念感
——真诚最重要，无招胜有招

真诚至上

放下得失

情境模拟训练法

情景小剧场

小文同学

涯叔，我感觉自己离演讲高手只有一步之遥啦！你快给我讲讲，还有什么"无招胜有招"的演讲方法吗？

我确实还留了最后一招，那就是培养信念感！

涯叔

还有什么好的演讲方法吗？

确实还有一招。

113

演讲加油站

所谓不紧张，通常只是代表你放松了，并不一定代表你自信。我们常常说一个人演讲时"好有气场啊"，这里的气场与外形、声音等有关，更重要的是，和一个人的信念有关。演讲除了"讲"，"演"也是不可或缺的。这里所说的"演"，倒不是说要像演员那样表演，更多的是说要有演员那种坚定不移的信念感。

何谓信念感呢？《演员的自我修养》一书的作者、世界著名戏剧大师及戏剧教育家斯坦尼斯拉夫斯基曾经说过："平庸的演员和杰出的演员的区别在于，平庸的演员试图让观众相信自己的表演，而杰出的演员则不容置疑地相信自己的表演。""不容置疑地相信自己的表演"就是信念感的最好诠释。从某种意义上说，演讲者也是一名演员，你必须不容置疑地相信自己扮演的演讲角色，相信自己说的每一句话，这样才有可能让听众对你深信不疑。所谓自信，就是坚持自己的信念。

真诚至上，忘记技巧

不知道同学们是否看过金庸的《倚天屠龙记》，这本书中有这样一个片段：

强敌在旁，张三丰教张无忌学习太极剑，等张无忌学完后，张三丰问张无忌："都忘记了吗？"张无忌说："对不起，太师父，我差不多都忘记了。"张三丰满意地点点头，说："那就差不多了。"

在学习演讲的过程中，我们会学到很多技巧，如声音的运用、形体的控制、稿件的写作等，但是到了最后，我们会发现，原来最好的演讲就是返璞归真。

我们学习技巧，最终是为了忘记技巧。真诚是成为成功演讲者的重要方法。

放下得失，忘记"小我"

有些同学演讲的时候得失心比较重，总是关注"我说得怎么样""评委们怎样看我""听众们怎样看我"。越是这样想，越是容易让神经紧绷，不允许自己犯错。如果我们过于在乎技巧、过于害怕犯错，演讲就难以顺畅"流动"了。一场好的演讲，一定是"流动"的。你的心"流动"起来了，身体和语言就会自然而然地"流动起来"，台下的听众也就能跟随你"流动"起来。

　　只有在"流动"的状态下，我们才能让自己所表达的内容超越"小我"本身。紧张和恐惧一般都是由"小我"带来的，而当我们笃定地表达自己所相信的观点时，信念感会自然萌生，得失心也就离我们而去了。

小试牛刀

小文同学

涯叔，培养信念感听起来还是有些抽象，你有什么具体的训练方法吗？

对于你们这个年纪的孩子来说，这个概念确实是抽象了一点。这样吧，涯叔陪你一起练习练习，我们来试试"假戏真做"吧！

涯叔

运用情境模拟训练法，与演讲内容合二为一

同学们可以试试角色扮演的方法，它也叫"情境模拟训练法"。比如，同学们可以把自己当成脱口秀演员或者小品演员，试着忘记自己的身份，使自己与演讲内容合二为一。运用这种训练方法的目的在于培养我们的适应性、个性等，以免我们在台上显得很生硬，而且一旦忘词了，我们还可以临场发挥。由于身处情境和故事当中，没有人比我们更熟悉自己想要表达的内容，我们甚至有可能进行一场即兴演讲。

信念感是表演工作者"七力四感"中非常重要的内容。同学们千万不要觉得培养信念感很难，只有成人才能做到。斯坦尼斯拉夫斯基曾经说过："演员要向孩子学习。"这是为什么呢？

他曾分享过一个例子。在一次剧团排练中，有人把小玩偶给了一位小演员，并告诉她小玩偶是她的宝宝，请她用心照顾。从这一刻开始，小演员就像对待真的宝宝一样照顾着这个小玩偶，直到排练结束。这对很多成人甚至专业演员来说都是很难的，小演员却很自然地做到了，所以信念感就是真的相信、投入真情。

同学们在准备演讲的时候也一定要选择有真情实感的内容。真情流露本身就是最强的信念感。

小文同学

> 涯叔，我发现培养信念感归根结底还是对演讲内容有底气，就是"我以我手写我心，我以我口说我心"，对吗？

> 小文同学真是一点就通！你说对啦！

涯叔

转述练习：转述一则通知

在学习和生活中，我们经常需要把一些事转述给别人，转述是一种非常重要的沟通表达能力。

班长接到了足球俱乐部的以下通知，要把这则通知转述给参加俱乐部的同学。

通　知

本周六上午 9 点，足球俱乐部将在训练场进行一次足球综合测试，选拔全市小学生足球赛的参赛队员。

温馨提示：

1. 据天气预报，本周六比较寒冷，空气污染程度为轻度污染，"小球星"和爸爸妈妈们应注意保暖，带好热水，戴好口罩。

2. 请"小球星"们带好装备（训练衣裤、护腿板、袜子、球鞋等），在保暖的基础上减少束缚，以免影响测试成绩。

3. 请保持训练场的卫生，不要乱扔垃圾和随地吐痰。这是我们共同的训练场，我们有责任、有义务把它保护好哟！

如果你是班长，你会怎样向同学们转述这则通知呢？

分小组进行练习并总结经验。大家可以再设计一些情境，练习转述。

训练提示

1. 转述时要说清背景，特别是时间、地点、人物这些关键因素。

2. 一定要记住转述的要点，不要遗漏主要信息。相较于复述来说，转述更加强调对"事实"的准确转达，力求准确明了。

3. 注意人称的转换。

思考一下

在转述练习中，你是怎样运用"情境模拟训练法"的？设想一下，如果你是足球俱乐部的同学，你希望从班长那里接收到怎样的信息？换位思考一下，你知道班长应该转述哪些要点了吗？

情境沟通：产品推销

你看过电视购物广告或者直播"带货"吗？当然，逛街、逛商场的时候，你也看到过商家的推销活动。你理解的推销是什么样的呢？

如果你现在正在兼职当推销员，你敢于迈出产品推销这一步吗？你知道如何应对以下问题吗？

推销水果要怎么说？

推销书籍要怎么说？

推销文具要怎么说？

推销童装要怎么说？

分小组讨论，每组选定一个推销场景和类型，进行内部讨论和角色扮演，总结产品推销方法，然后派代表进行展示，其他小组的同学可以进行点评；最后总结产品推销的经验、流程和方法。

训练提示

1. 提前做好功课，了解自己所推销产品的特色和优点。

2. 推销要有极强的信念感。只有在了解产品的基础上充分肯定产品的优点，才有可能底气十足地向客户推销产品。

3. 推销的时候要热情，在情绪上感染客户，拉近与客户之间的距离。

4. 推销时要有逻辑、有条理，充分说明产品的特色，突出其优点，最重要的是阐述其对客户的价值。

5. 学会提问和倾听，挖掘客户需求，不要只顾自己说。

思考一下

想象自己要推销两种产品，一种是你经常使用的、非常喜爱的，另一种是你不太熟悉的，你觉得自己能把哪一种产品更好地推销出去呢？由此体会情境沟通中信念感的重要性。

第 4 章

演讲稿怎么写

让你妙笔生花的 7 个妙招

如何确定演讲稿的主题和标题
——精准击"靶心"，塑造传播力

情景小剧场

小文同学

我投！我投！我再投！我就不信击不中靶心！哎哟喂，我怎么越投越远呀！

涯叔

哎哟，小文同学最近迷上飞镖了呀！其实呀，演讲就和投飞镖差不多，主题就是"靶心"。切中一个好的主题，让自己说的话进入听众心里，这样的演讲才能被听众记住，才有传播力。

演讲也要命中"靶心"。

再投个10环！

演讲加油站

我常常跟同学们说："要是题定了，演讲稿就完成一半了！"所谓定题，指的当然不只是确定演讲的标题，更要确定整体的主题，而标题则是主题的外化。主题清晰，说明同学们对于自己想表达的核心思想已经胸有成竹。确定了主题，就像投飞镖正中靶心，才能讲到听众心里去，此时的演讲才有传播力。

那么如何确定演讲的主题和标题呢？涯叔跟你们分享几个方法。

提供"人无我有"的东西

问问自己："听众为什么要花费生命当中宝贵的时间来听我演讲呢？"我们讲的东西一定要能带给听众不一样的思考，要么是独特的经历，要么是独到的观点……那些"人无我有"的东西就是我们给听众带来的价值。演讲的本质是"给予"，主题就是我们最想给予听众的内容。

不要空想

好的演讲主题不是空想出来的，更多的是深深扎根在故事素材里，从故事素材之中"生长"出来的。比如经典作品《背影》，为什么许多人一看到标题，眼前就仿佛有相关画面了呢？因为朱自清描述的父亲翻越月台的场景实在太令人印象深刻了。想想你要给听众讲述什么样的故事，等故事素材的脉络愈发清晰，再去看哪个关键词、哪个关键句子最具有概括性。从这样的关键词和关键句子出发，往往能够提炼出更标志性的主题。

"靶心"只有一个

作家理查德·巴赫说过："伟大的创作，取决于所删减的文字的力量。"这句话放在演讲中同样适用，演讲必须敢于做减法。如果把演讲中的重要信息当成一颗颗的珍珠，那么主题就是串起珍珠的那根线，珍珠可以有很多颗，但是线只能有一根。很多同学喜欢罗列很多信息，恨不得一次传递数个观点，这样反倒容易得不偿失。演讲最好围绕某一个观点深入展开，一次只传递一个主题、一种核心思想。

为主题选一个好口号

定下主题之后，如何为演讲选择一个好的标题呢？同学们还记得马丁·路德·金的《我有一个梦想》吗？如果说主题像品牌，那么标题就像商标或广告语：主题代表的是一种价值观、一个理念，而标题往往是一个强有力的口号。如果你能把主题提炼成一个朗朗上口、容易传播的口号，你的演讲一定会大放异彩！有了口号之后，可不要吝啬对它的使用，一定要将它重复、重复、再重复（不要少于5次）。快在下次的演讲中试一试这个方法吧，看看别人是不是很快就记住了你的口号！

小试牛刀

优秀演讲稿赏析1

为中华之复兴而读书

蒋演（12岁）

大家好，我叫蒋演，12岁，来自长沙市长郡双语实验中学，是一名初一的学生。

刚入初中，成为长郡学子，我很骄傲。是啊！名校人才辈出，是人人羡慕的求学之地。可几天的入学军训下来，我开始打退堂鼓了。这么严格的训练，这么严厉的教官和老师，跟小学完全不一样，我有些不适应。但，在军训检阅的那一天，我震惊了。当我们整整齐齐排在操场上等待校长检阅时，突然下起了瓢泼大雨。我想，这下检阅可能会暂停了。没想到，校长和教官、老师们一起迎着大雨坚定地走向我们，大声道："同学们好！同学们辛苦了！"整齐的队列在大雨中回应："为长郡争光……""雄杰古潭州，襟带江湖踞上游，旧时人才渊薮，中华兴复，共道湘人多造就……"校歌响彻云霄，雨水和汗水滑过脸颊，我初次强烈感受到集体的荣光和读书的使命。那一刻，我永生难忘。

前些日子，妈妈曾问过我一个问题："蒋演，你成为一名中学生有一段时间了，你知道自己为什么要读书了吗？"

是啊，我们"00后"吃穿不愁，宠爱加身，生活在国富民强的太平盛世，为何要发愤读书呢？我陷入沉思……

我想到了去年暑假爸爸和我的"复兴"之旅。在北京，我们观看了中国国家博物馆的"复兴之路"展览，看到了一个大国的崛起，也发现我国的森林覆盖率并不高，原来雾霾还困扰着很多地方。从北京到上海，我们坐的是"复兴号"高铁。高铁上有 Wi-Fi，高铁的时速超过 350 千米，车厢封闭又没有植物，空气却很好。爸爸说："别看我们现在乘车方便，建设高铁需要很多人的钻研和付出，要经历很多磨炼！"在上海，我们住在复兴路沿线的酒店，当天出现了上海 100 多年以来的最高气温——40.9 摄氏度，这是典型的由厄尔尼诺现象导致的异常天气。相关报道提到，如果不注重环境保护，估计以后这种问题会加剧。经受经济周期的考验，承受"社会潮汐"的冲击，我们享受成果，我们也要直面问题。

我又想到了长郡校园里的院士路。百余年来，长郡中学以"朴实沉毅"为校训陶铸群英，从这里走出了张孝骞、丑纪范等十几位院士，还有一大批无产阶级革命家、军事家、政治家，一大批教育名师、学界泰斗，一大批闻名遐迩的艺术家、学者，他们在自己的学科领域为国家甚至人类做出了巨大贡献。

再回顾一下我 4 个月的初中时光。我做过许多试卷，每天都挑灯夜读。当百思不得其解时，当全力啃名著时，我也会想象：如果换作打游戏，我可以熬到更晚。但，我就住在学校旁边，透过窗户正好可以眺望学校灯火通明的教室，看到学长学姐们专注学习的身影和值守在教室的老师。那一刻，我会在心里默念：产生刚刚那种念头，真是罪过、罪过。我的班主任唐超老师常说："学生既要有大格局、大情怀，又要经得起考验！做学问，怕的就是不虔诚！我不希望你们成为'考试机器'，对学习，你们应该勇于探索；对生活，你们应该真正热爱。"于是，校园里有了为解开一道题而忘记回家的身影，有了一丝不苟的时间规划，有了如饥似渴求知的日常，有了为强身健体合作竞技的场面，有了为创新发展欢呼雀跃的身影。

寒假期间，我参加了橘子洲万人合唱《我和我的祖国》新春送祝福活动。橘子洲头，"水陆空"三处遥相呼应，万人挥舞国旗，放声高歌。回到家，妈妈问我："蒋演，你当时有什么感受？激动吗？"我说："妈，激动！太激动了！"妈妈在开学时送了我一句话："希望你健康快乐，正直善良，有自由，有光芒！"我原本狭隘地认为自由和光芒仅仅是指我个人，现在我知道了，只有更多的人有选择的权利，更多的人能做最好的自己，才是真正的自由和光芒！而这一切，都要基于我们富强伟大的祖国。

所以，今天，我可以回答妈妈那个关于"为什么读书"的问题：

少年，当为中华之复兴而读书！

谢谢大家！

这篇演讲稿结构工整，材料生动，主题鲜明，具有很强的示范性。

整篇演讲稿紧紧围绕"为什么读书"这个问题展开。

从新生军训到"复兴"之旅，从长郡校园到橘子洲，通过层层递进、环环相扣的内容，演讲者带领大家逐步解答心中的疑问。演讲稿选用的素材都是演讲者自身的经历，情节清晰，画面感极强，让人仿佛身临其境。

结尾处，演讲者直接给出答案——为中华之复兴而读书，点题有力，掷地有声，值得借鉴。

优秀演讲稿赏析 2

我是小话痨

夏睿成（8岁）

大家好！我叫夏睿成，人称"小话痨"。

什么是话痨呢？字典上的解释是"话特别多的人"。按这个标准的话，我绝对是一个名副其实的小话痨。

我这个人呢，从睁眼到睡觉，几乎一整天都在说话，连吃饭时嘴都闲不住。我的绝招就是只要有人愿意听我说话，不论男女老少，我都能跟对方唠上几句，就连坐地铁碰上个老外，我都会向对方打招呼，说声"Hello, nice to meet you."。

我爱说话这个"天赋"啊，据妈妈说，在我还是个宝宝的时候就展现出来了。5个月大的时候，我就会叫"爸爸妈妈"了，爸爸在书房工作的时候，我会爬过去拉着爸爸的衣服说"爸爸，爸爸，玩"；妈妈在吃水果的时候，我会流着口水说"妈妈，妈妈吃，宝宝吃"。10个月大的时候，我就能叫全家所有人了，叫奶奶、外公、外婆、哥哥、姐姐、舅舅、舅妈，都不在话下。到了1岁，我可就更厉害了，居然连古诗都能背了，比如"床前明月光，疑是地上霜。举头望明月，低头思故乡"。不得不说，我自己都蛮佩服自己的！

在学说话的时候，每学到一个新词，我都会反复念叨，这让我比很多同龄宝宝说话更早，发音更准确。但是，有时候这也会把家里人念得耳朵都起茧子，他们都很害怕我这个小话痨。

所以啊，不得不说，当小话痨有利也有弊。

当小话痨的好处就是，我因此结识了不同年龄的朋友，比如在电梯里遇到邻居时，我会主动打招呼，见到长辈我会说："爷爷好！奶奶好！叔叔阿姨好！"遇到小朋友我会说："你叫什么名字？我们一起去楼下玩吧！"邻居们都夸我是个大方、懂事的孩子。当我有坏情绪的时候，我也会主动说出来："我不高兴！我不喜欢这样！我心情不好！"

当小话痨不好的地方呢，就是很多时候只顾自己说，忘记了倾听，有时候还会打断别人讲话，为此我挨了不少批评。

我的座右铭是"Practice makes perfect."，也就是"熟能生巧"。今天，借这个舞台，我也给自己定个目标：我要扬长避短，好好学习，争当一个优秀的小话痨。

好了，今天就跟大家唠到这儿！

我的演讲完毕，谢谢大家！

涯叔点评

这篇演讲稿最大的特点就是主题鲜明。

演讲稿围绕"小话痨"这个标签展开，记叙了演讲者从牙牙学语到现在成为"社交达人"的过程，生动活泼、趣味盎然，简直就是一出精彩的"小话痨养成记"。

这也给了我们启发：好的演讲稿并非一定要有多么复杂的结构和深刻的思想，更多的是要体现真情实感，做到主题明确。最好的自我介绍，就是给自己找一个精准的标签，然后围绕这个标签讲述自己的故事，从而给听众留下深刻的印象。

知识锦囊

同学们，你们一定都听过"画龙点睛"的故事吧？

虽然"画龙点睛"只是传说，但这个故事告诉我们，龙无睛则不活。如果"画龙不点睛"，那么龙就是没有生命力的。

主题就好比龙的眼睛。不管写什么内容、用什么材料，都一定要重视主题的确立，明确地表达中心思想。只有这样，我们的演讲才有灵魂，才能讲到听众的心里去，从而具备传播力。

小文同学

有了"靶心"，我终于知道力气要往哪里使了！该瞄准就瞄准，该重复就重复，我也要写出有传播力的演讲稿！

小文同学的长进真不小！不过光有"靶心"可不够，我们还要知道怎样才能最巧妙地击中"靶心"，让听众拍手称赞。方法其实很简单，那就是讲好故事。

涯叔

表达力课堂

即兴分享：我的高光时刻

你有没有特别得意、特别骄傲的时刻？

在纸上写出 3 个自己觉得特别的高光时刻，并选择其中一个展开讲讲。

训练提示

1. 只能选择一个高光时刻讲。

2. 这个高光时刻为什么难忘？试着提炼一个关键词，围绕它确定一个有吸引力的标题。

3. 学会讲具体的故事，不要泛泛而谈，要把事情的前因后果讲清楚，尽量讲得生动有趣。

4. 除了高光时刻，也可以讲讲低谷时刻或者逆袭时刻。

这是一个典型的围绕"你无我有"展开的训练。想一想，你独特的经历是不是赋予了这次分享不一样的色彩呢？试着为你独一无二的经历提炼一个关键词作为"靶心"，再设计一个朗朗上口的口号吧！

即兴讨论：如何面对不同意见

在生活中，对于很多问题，大家会有不同的意见，所以有些问题的解决需要大家一起协商。

最近小区里出现了宠物狗咬伤行人的问题，物业管理处收到投诉后，召集代表一起讨论。与会代表包括物业管理人员、街道社区工作人员、宠物主、小学生家长、老年人、小朋友、小区底商、小区保洁人员等，大家会有哪些不同意见呢？

分小组讨论，小组成员分别选择一个角色，从这个角色出发阐述自己对这个问题的看法。讨论时如果听到不同意见，要换位思考，积极沟通。

训练提示

1. 学会倾听别人的观点，不歪曲，不断章取义。

2. 表达自己的观点时，态度平和，简洁明了，要有根据。

3. 针对分歧进行讨论时，要尊重不同意见，以理服人。

思考一下

你在表达时，是先有明确的观点，还是说到哪儿是哪儿呢？

在别人表达的时候，认真观察一下，看他们的观点和立场是否明确，是言简意赅、一听就懂，还是需要你进行提炼总结。哪种表达让人听起来更轻松呢？

第 12 课

如何用故事思维写好演讲稿
——挖掘身边事，巧用"故事力"

故事　　共情

代入感

情景小剧场

小文同学

涯叔，我最近读的《米小圈上学记》真是太有意思啦！我最喜欢读故事了，读得饭也不想吃、觉也不想睡，我妈说我是"魔怔"了！

哈哈，故事的魅力无人能挡，我觉得世界上没有人不爱读故事吧！涯叔小时候就很喜欢读金庸的作品。不过，你想过写演讲稿也可以借助"故事力"吗？

涯叔

小文同学

啊？你是想让我在演讲稿里记流水账吗？

演讲加油站

其实，我们从小到大，几乎每天都在听故事、读故事。

《希腊神话》《伊索寓言》《快乐王子》《美人鱼》《白雪公主》……也许我们会忘了作家优美的文笔，但是我们不会忘记这些精彩的故事。还有我国的传统故事——《刻舟求剑》《愚公移山》《守株待兔》《庄周梦蝶》……许多深刻的道理就蕴藏在这一个个深入浅出的故事里。

在一个个故事里，人类的文明、智慧与希望被保留和传递了下来。故事就像火种，是人类文明重要的载体之一。

为什么故事有这么大的能量？有一个成语叫"感同身受"，简单地说，就是"共情"。而故事正是因为有强大的情景设置能力，能够让人们"闻你所闻""见你所见"，从而"感你所感"，所以才具有如此强大的感染力。有人说："事实使人知，真相使人信，只有故事令人永远难忘。"会讲故事的小小演说家会更容易被别人记住。

在演讲中，我们要怎样讲故事，讲什么样的故事呢？

其实，当你走向舞台的时候，大多数听众是不认识你的，他们最好奇的可能是：你是谁？你是什么样的人？你去过哪些地方？在你身上发生过什么特别的事情？

这些听众好奇的、让你成为"你"的点，都能构成你的演讲故事！如果故事里有冲突、矛盾、悬念等要素，那就更好了。

不过，我们的生活并不是电影剧本，没有那么多的戏剧冲突，我们只要从演讲的主题出发，从自己的生活中挖掘经历，真实、简单、直接地讲述这些经历，就已经能讲出最好的故事了。

同学们，在演讲中讲述自己亲身经历的故事可是好处多多呢！首先，听众容易有代入感，容易对你产生信任。一旦听众觉得你很真诚，你演讲起来就轻松多啦！其次，自己的故事之所以动人，是因为它们曾经真实地发生在你的生活里，真实地触动过你的心灵，被你讲出来后也包含着特别的情感，更容易引发听众的共情。最后，讲自己的故事几乎不需要死记硬背，即便意外卡壳，演讲也不容易完全中断，忘词的风险也会大大降低。

小试牛刀

优秀演讲稿赏析 1

爷爷的日历

郑浩林（11岁）

尊敬的各位老师、亲爱的同学们：

大家好！我叫郑浩林，今天我想和大家谈一谈我的爷爷。

小时候，我和爷爷待在一起的时间特别多。爷爷是一个脾气古怪的老头儿，不太爱说话，但是对大家都很好。记得有一次，我和哥哥打闹的时候，不小心把爷爷的种子打翻了。爷爷知道后，大发雷霆，把我们狠狠骂了一顿，吓得我和哥哥都哭了起来，但过了一会儿，爷爷又来安慰我们。我和哥哥都觉得他很奇怪。

在我们眼里，爷爷还有一个奇怪的爱好，那就是画日历。爷爷的抽屉里放着很多本旧日历，他每晚睡觉前总要拿出日历画上一笔才能安心睡去。

后来我和哥哥长大了、上学了，和爷爷待在一起的时间就变少了，我们只有在重要的节假日才能回去看他。每次返校的时候，爷爷总是口气很硬地冲我们喊："路上慢点，要认真学习，别淘气，没时间就不要回来了。"说完，他就带上农具去干活了。当时，对爷爷的话我居然信以为真。

后来，爷爷病了，但是我们觉得他的病情没那么严重。因为忙这忙那，我们总想着放假再回去看爷爷就是了。没想到，我和爷爷的告别竟然会来得那么突然。我记得那是我放假的前一天，当时我正在考试。考完试以后，老师突然匆匆忙忙地朝我走了过来，把我带到了办公室。在办公室里，老师对我说："浩林，我告诉你一件事，你爷爷……你爷爷走了！快点回家，你妈妈会带你回老家！"

后来奶奶告诉我，爷爷病得没力气打开抽屉了，她就把日历放在爷爷的床头。爷爷每天总盯着床头的日历，一天一天地算我们回来的日子。

距离和爷爷相见的日子，在日历上只差一天。一天有时候很短，短得只够读完一本书；有时候却很长，长得让两个人一辈子都没办法再见。那一天，我没来得及和爷爷说再见……

老师曾经对我们说过一句话："这是一个习惯了离开的世界，但是我们还没有学会好好道别。"

我好想再有一次机会，能够把欠下的感激，欠下的道歉，欠下的懂事，都告诉爷爷。只愿，这样的亏欠，这样的内疚，这样的遗憾，今后不会再有！

爷爷，我想你了，你还好吗？

我的演讲完毕，谢谢大家！

涯叔点评

这是一篇感人至深的演讲稿，其感人之处到底在哪里呢？

第一，它讲述了一个发生在演讲者身上的故事，有很强的吸引力和说服力。

第二，演讲稿本身具有比较强的"故事性"，也就是我们常说的悬念、冲突、反差。从脾气古怪到温情满满，爷爷的形象一步步丰满；从总觉得"有时间"到最终"差一天"的遗憾，起承转合，爷爷画日历的谜底一步步揭晓。

第三，演讲稿非常巧妙地使用了一个贯穿全篇的"道具"——日历。日历这个载体蕴含了时不我待的深意，也是爷爷鲜明的形象标签，更寄托了演讲者对爷爷深深的怀念。

总而言之，真实的故事最有力。在这个基础上如果还能运用一些增强故事性和记忆性的技巧，我们就能打造一场"声入人心"的演讲！

优秀演讲稿赏析2

跑步达人养成记

何一洋（9岁）

大家好！

我叫何一洋，今年9岁了，是一个跑步达人，不加引号的那种。

可谁会想到，曾经的我是一个彻头彻尾的跑步小白。一年级的时候，我满怀期待地加入了学校足球队，心想：太棒了，这下可以实现我的足球梦了！可是没想到，第一节课上，教练根本就没有让我们碰球的意思，而是直接让我们跑步。教练说，所有的运动项目都以体能训练为基础，跑步当然就是基础中的基础；赛场上的拼杀，很多时候靠的就是运动员的速度。说回跑步，那我……可就相当厉害了，每次都能得第一名，不过，是倒数第一名。你们自行想象一下，小伙伴们一个个超过我，跑完之后围坐在操场边得意地对着我大喊："何一洋，加油啊！"你们说，我心里是啥滋味？唉……那不就是——对着坛子打屁——憋气。

老爸在球场边悄悄观察了一阵后，实在看不下去了。他本想培养个足球健将为国效力，这样下去可不行，于是他撸起袖子为我打造了一个跑步计划。计划如下：假期开启"串烧"模式，5点起床晨跑4公里。

在老爸的"威逼利诱"之下，我只好被迫"营业"。天都还没亮，老爸就把我从被窝里拖出来，那会儿我真觉得自己站着也能继续睡。而且，4公里对我来说简直就是个天文数字，我根本迈不开腿。记得有一天，由于前一天晚上我睡得太晚，清早老爸叫我的时候我便故意装作没听见，这时老爸一把掀开我的被子，开始催促。我求饶道："爸爸，今天就让我多睡一会儿吧，昨天晚上睡得晚，现在我还困得很呢！"没想到老爸不仅没同意，反倒数落起我来："谁让你不合理安排自己的时间？少废话，今日事今日毕，计划不能改！"我一看老爸这么不讲情面，又委屈又生气，赖在床上大声喊道："什么破计划，我才不执行！你喜欢跑步就自己去跑，我要睡觉！"老爸才不管我生不生气呢，直接威胁我说："再不起床，我就赏你吃一顿'竹笋炒肉'了啊！"

哼，每次他都用这招儿，但每次我也是真的害怕。没办法，我只好极不情愿地从床上爬起来，被迫艰难"营业"。

你还别说，经过一个暑假，早起已经成为我的习惯；我跑起步来也越来越轻松，跑完4公里如今对我来说是小菜一碟。要是哪天老爸值班不带我去跑步，我还总觉得少了点啥呢！如果你问我：跑步计划到底有没有效果？那我要告诉你，现在我跑起步来简直就像脚下生风，每次都能妥妥地进足球队前五，甚至有几次都超过队里跑步最快的黄子轩了。当我看到小伙伴们惊讶的表情和教练对我竖起的大拇指时，我心想：哈哈，老虎不发威，你们还以为我是病猫呢，让你们也见识见识我真正的实力！

老爸之前常说，这世上的事，只有不想做的，没有做不到的。这也正是跑步带给我的启示。

现在想来，生活中我遇到过的其他困难好像也应了老爸的话。比如一年级下学期的时候，我的口算速度比较慢，一连几次口算测试，我都因为没完成，只得了七十几分。老妈便天天让我练口算，给我计时、对答案。练着练着，我的口算成绩就是满分了。还有一次，学校举行征文比赛，我犯懒不想参加，但经不住老妈的软磨硬泡，不得不赶鸭子上架，没想到最后竟然拿回了金奖。我的文章还被刊发出来，我因此收获了班上一众同学羡慕的目光。

最后，我送给大家一句我特别喜欢的关于跑步的话："奇迹不在于你跑完了，而在于你有勇气起跑！"就像老爸说的那样，我相信，这世上的事，只有不想做的，没有做不到的。在以后的人生中，不管遇到什么困难，我都不怕，我唯一要做的，就是跑起来。

跑起来，甩掉困难和胆怯；

跑起来，找到勇气和信心；

跑起来，迎接希望和黎明！

我叫何一洋，我是一个跑步达人！

我的演讲完毕，谢谢大家！

涯叔点评

这是一篇十分工整的演讲稿，它没有复杂的逻辑结构，没有宏大的主题思想，只是记叙了演讲者自己的故事，表达了演讲者在成长中的感悟。

然而，演讲者就是以这么简单的方式获得了非常好的效果。演讲之后，演讲者至少达成了 3 个目的：让听众相信他确实是一个跑步达人；让听众明白任何成就的获得，都需要勇气、自律和坚持；告诉听众，培养孩子的好习惯，家长的参与真的太重要了。

除此之外，演讲内容生动活泼、自然流畅，画面感非常强，使读者仅看文字就能体会到其"语音"效果，这一点也很值得同学们学习呢！

　　同学们，翻开我们的语文课本，想想课文的作者，他们哪一个不是讲故事的高手呢？

　　比如司马迁写《史记》，书中没有干巴巴的人物，无论是荆轲、项羽、刘备、范增，还是廉颇、蔺相如，都是呼之欲出的；书中也没有无趣的情节，无论是暗潮汹涌的"鸿门宴"，还是一波三折的"荆轲刺秦王"，都是跌宕起伏的。司马迁虽说是写史，但在技法上不输写小说，难怪鲁迅评价《史记》为"史家之绝唱，无韵之《离骚》"。

涯叔，我好像知道乔布斯为什么是一个伟大的演讲者了，因为他也是一个会讲故事的人呀！

小文同学

没错！其实很多有领导力的人都非常会讲故事，这也是他们人格魅力的一部分。我们掌握了"故事力"，不仅可以将它运用在演讲中，更可以将它运用在我们的生活里，让会讲故事这项能力成为影响我们人生的力量。

涯叔

表达力课堂

即兴讨论：身边的小事

小莉坐公交车的时候，大家都在排队候车，突然有人插队；

小方外出旅游，发现有人在寺庙的墙壁上乱涂乱画；

小宣在公园散步的时候，看见隔壁班的小坚在遛狗，但是小坚没有及时处理狗在花坛排出的粪便……

这些都是我们身边的小事，但是每件事也在无形中影响着我们的生活。

当然，也有一些人不仅自己遵守规则，还力所能及地帮助别人，这让人非常感动。

分组讨论，与同学们交流你发现的不文明行为或是令人感到温暖的行为，再谈谈你对这些行为的看法。

汇总小组成员谈到的小事，每组派代表发言，和其他小组进行交流。

训练提示

1. 分组讨论时，小组成员按顺序发言。

2. 把事情讲清楚，对时间、地点、人物、来龙去脉都要准确交代。

3. 有条理地表达自己的看法。

4. 汇总小组成员的意见时要尽可能反映每个人的想法。

思考一下

不管这件小事是好的还是不好的，它都对我们造成了影响，并因此被我们记住。你能运用故事思维让大家对你讲述的小事印象深刻吗？你能让大家体会你当时的心情，从而受到触动，发自内心地愿意做一个更好的人吗？

情境沟通：向他人请教

当你碰到难以解决的问题时，你会怎么办呢？

比如，好朋友总是找你借东西，却不及时归还；你总是粗心大意、丢三落四；爸爸答应带你出去玩，但总是失约……

这个时候，向他人请教是个好办法。

分组讨论向他人请教应该注意什么，整理归纳观点，派代表发言总结。

训练提示

1. 挑选时机：在他人方便的时候请教。

2. 阐述诉求：在请教他人的时候，要把自己的问题明确、清晰地表述出来。

3. 记录并追问：认真记录他人的建议，对不清楚的地方及时追问。

4. 真诚感谢：请教他人时要虚心、有礼貌，不管对方能否帮你解决问题，你都要向其表示感谢。

思考一下

向他人请教的时候，最重要的是把问题讲清楚。怎样才能又快又好地把问题讲清楚呢？产生问题的情境是不是就是一个故事呢？记住，让别人愿意帮助你的秘诀之一，就是让他做故事的参与者。

如何一开头就抓住听众的心
——黄金 30 秒，"收视率"大招

讲故事

提问互动

开门见山

引起好奇

情景小剧场

小文同学

> 哎呀，这部电视剧太无聊了！我看了开头就不想继续往下看了！

> 电视剧的开头不好看，我们会看不下去。演讲也是一样，如果不能一开头就吸引听众，牢牢地抓住他们的注意力，后面再想俘获他们的心就更难啦！

涯叔

> 开头一定得精彩。

> 开头没意思，我看不下去！

> 换台！换台！换台！

演讲加油站

开场的黄金 30 秒会影响演讲的整体效果。

同学们，古人也认为第一印象很重要，不然怎么会有"人生若只如初见"这样的词句呢？在演讲中，一个惊艳的 30 秒开头就是你给听众的第一印象，如果你将这 30 秒把握好了，大家会继续跟着你的思路走，你的节目"收视率"就高了；没把握好，大家就要"换台"了——玩手机、打瞌睡、聊天……

所以，我们千万不要低估演讲开头的重要性。涯叔帮同学们准备演讲的时候，如果只能用非常短的时间来快速调整一篇糟糕的演讲稿，那涯叔要做的第一件事就是把开头换掉。

那我们应如何把握黄金 30 秒呢？要想一鸣惊人，我们可以进行一些巧妙的设计，比如讲故事——直接进入听众感兴趣的部分；提问互动——让大家参与你的演讲；开门见山——一开场就把最重要的观点抛出来；引起好奇——设置一个悬念，吸引大家听下去；等等。

比如，美国前总统奥巴马在演讲中喜欢先说他的女儿或者分享其家庭里的一些小事，慢慢地，才会将所讲内容升华到国家大事的高度。再比如，亚马逊的创始人杰夫·贝索斯在他的母校普林斯顿大学演讲时是这样开头的："童年的夏天，我总是在得克萨斯州祖父母的农场中度过。我会帮忙修理风车，为牛接种疫苗，以及做一些其他的家务。每天下午我们都在看肥皂剧中度过，我们会一起看《我们的岁月》……"这场演讲备受好评，开头的故事非常生活化，一下子就与大部分的听众建立了连接，激起了他们类似的回忆。在后面的演讲中，杰夫·贝索斯把"人生面向未知的探索"与亚马逊的理念结合在一起做了升华。他没有选择在开头的时候就对听众讲一些宏大的价值观和理念，而是用一种所有人都能够接受的方式娓娓道来，从而让听众很快就与他产生了共鸣。

小试牛刀

优秀演讲稿赏析 1

教师子弟的烦恼

文雁来（11岁）

尊敬的老师、亲爱的同学们：

大家好！

在我的校园生活中，时常会出现这些声音——

"哇，文雁来居然被罚站了！"

"我的天啊！连她也会被批评啊！"

"上课都不认真，她妈妈还是老师呢！"

听了这些话，我恨不得找个地缝钻进去！

而这一切，都源于一个人，那就是我的妈妈。我妈妈是一位老师，而且，她不仅仅是一位老师，还是我们学校的教导主任。相信很多人一听到 "教导主任"这个称呼就被震慑住了吧。

人人都说教师子弟好，老师护着，同学围着，整天无忧无虑，在学校遇到什么紧急的事，妈妈一出面就能解决；倘若哪天得了一个小小的奖励，也许就会轰动全校，成为全校的一大焦点！可是事实并不是这样，作为教师子弟的烦恼，你们不懂！

刚上一年级时，我还怀着美好的憧憬，因为我随时都可以看到我的妈妈，不像其他小朋友要回家了才能钻进妈妈的怀抱，但是后来，我才发现自己错了。每天我都要"提防"妈妈，她经常幽灵似的出现在教室窗外，此时我周围的同学会立马跟我说："文雁来，你妈来了！"如果哪一次我在课堂上开了小差，老师就会以八百里加急的速度，迅速将"情报"交到我妈妈手中。回到家后，可想而知，我就遭殃了！而且一到开学或者期末就是我妈妈这个教导主任最忙碌的时候，我就要开启"夜猫子"模式，跟着妈妈熬夜，在她的办公室里困得连眼睛都睁不开。

所以，我一度很不喜欢"教师子弟"这个名号，也不喜欢我这个当老师的妈妈！

不过有一件事改变了我的看法。

去年刚开学，我身上长了一个肿块，非常不舒服。妈妈知道后，连忙带我赶到医院，跑上跑下地陪我进行各项检查。当医生要求我住院后，她又来回奔波，办理各种手续，忙得气喘吁吁才把我安顿好。我输液的时候，妈妈用笔记本电脑办公；我排队接受治疗时，妈妈在接听工作上的电话。要知道，这正是开学的时候，往常也是我妈妈工作最繁忙的时候呀！好不容易等到在外地工作的爸爸赶回来，妈妈才回到学校。

尽管妈妈又投入了忙碌的工作，但她总是时不时地和我视频通话，一有空就来陪我。有一天中午，我正吃着妈妈送来的可口的饭菜，一回头，却发现她坐在旁边的椅子上睡着了。正当我要叫醒她时，爸爸轻声告诉我："你妈妈为了中午能够来医院陪陪你，昨天在学校加班到深夜呢！"

同学们总是唱那首歌："静静的深夜群星在闪耀，老师的房间彻夜明亮……"当同学们歌颂老师的时候，我却总能想起我的妈妈，眼前浮现的是妈妈忙碌的身影，心里升腾的是骄傲和自豪！

其实，和我一样的孩子还有很多。除了"教师子弟"，还有"医务工作者子弟""军人子弟"……爸爸妈妈们工作忙碌，没有时间陪我们，但是他们或教书育人，或救死扶伤，或保卫祖国，为了万家灯火，默默奉献。我们是一群幸福的孩子，是爸爸妈妈心里一直牵挂的孩子。他们对我们的爱，无处不在！

涯叔点评

这是一篇角度很特别的演讲稿，但也说出了很多孩子的心声。并不是每个人都有作为教师子弟的经历，但是对那些父母是教师的孩子来说，他们往往有同样的经历和感受。

演讲稿的开头很精彩，没有拖泥带水，"一秒入戏"，直接把大家带入一个生动的校园场景，然后抛出了关键词——教师子弟。这就是前文提到的以"讲故事"的方式直接开头。

主体部分的故事也很精彩，采用了欲扬先抑的手法，先吐槽了作为教师子弟的烦恼，之后设置了一个充满温情的反转，使演讲内容在极富戏剧性的同时充满正能量。

总体来看，这篇演讲稿的优点还是很突出的：选题角度新颖，故事情节连贯，价值观正面。

这个世界唯一的你

廖语萱（12 岁）

现场的各位同学，有弟弟妹妹的请举起手。

给大家 3 秒，用一个表情表示一下对弟弟妹妹的……感受。好了，看到你们的表情啊，我感觉就像对上了暗号。你们也不用解释，我明白，谁还不是又爱又恨呢，只是比例不一样罢了！

我的妹妹今年 4 岁了，她平时喜欢穿一条碎花小裙子，头上别一个蝴蝶结发卡，拿根仙女棒，转个圈，然后说自己是可爱的小公主。

可别以为我妹多么天真无邪。她调皮起来，真是让人一个头两个大。这是怎么一回事呢？接下来请听我给你们细细道来。

有一天我奉"王母娘娘"，也就是我妈之命，带我妹在家里玩。我刚出门去倒个垃圾，我妹就赶紧从床上跳下来，你猜怎么着？我前脚刚出门，她后脚就啪的一声把门关上了，害得我在外面等了半个多小时才盼到我妈回来把门给打开。

我有时候就想，几年前我是怎么了，居然求着妈妈给我生个妹妹！愿望倒是实现了，可这理想和现实的差距咋这么大呢？我妈就说，你以为给你生个妹妹是淘宝购物啊，你不满意，还可以退货？好吧，我竟无言以对。

还有一次呢，我刚放学回家就发现我的拖鞋不见了，然后我找啊找啊，发现我妹给我丢厕所里了。这还不是最气人的，我还发现我原本放在书桌上的笔散落一地，书也是这儿一本、那儿一本，本子也被撕得稀巴烂，桌垫也被画得乱七八糟，跟家里进了小偷一样。唉，啥也不用说了，罪魁祸首肯定又是我妹。可我妹毕竟是我妹，我又不好怪她，只能安慰自己消消气，先吃饭，再收拾。这不，到了吃饭的时候，我发现我妹竟然没来。这俗话说得好，"孩子静悄悄，必定在作妖"。我赶紧冲向我的房间，可终究还是晚了一步，我的作业本已经被我妹撕得跟狗啃的一样了，我想当时的配乐肯定是"雪花飘飘，北风萧萧……"

在妈妈的开导下，我抑制住了心中的怒火，打算把作业本拼好，可拼着拼着发现少了好几片。我朝妹妹望去，好家伙，她正拿着少的那几片啃呢，"吧唧吧唧"的，吃得可香了，似乎在品尝什么山珍海味。我赶紧把纸片从她手里抢过来，还好她没吃多少。我是轻松了，可我妹却不这么觉得。她觉得我抢了她最心爱的小零食。于是，这个小朋友流畅且快速地完成了翻身、打滚、号啕大哭这3个动作。奶奶闻声立马赶来，二话不说就开始训我："哎呀，你都是大孩子了，你要多让让你妹呀！……"一边训我一边把我妹抱起来，拍拍她的背，说："宝宝不哭，宝宝不哭，姐姐是大坏蛋。"这可把我气得够呛。可奶奶毕竟是长辈，我也不好反驳。而妹妹则趴在奶奶的怀里，冲着我做出得意的表情，似乎在说"气'死'你，气'死'你，不服你过来呀……"

不过我妹虽然调皮捣蛋，但情商还是很高的，看到我是因为她挨骂，过后会来安慰我，也就是用她肉肉的小脸蛋在我身上蹭来蹭去。这好歹也让我脆弱的心灵得到了那么一丝丝的安慰。

今天我虽然是抱着吐槽妹妹的心态来演讲的，但是我的目的绝不只是吐槽。有一句话说得好："十年修得同船渡，百年修得共枕眠，万年修得姐妹花。"谁让你还是个小花苞，而我已经绽放了呢！好了，不吐槽你了。为了传播正能量，我勉为其难地用一句有点矫情的话结束我今天的演讲：全世界只有一个你，即使你只是我生命拼图的一小块，但是没有你，我的生命便不能完整；我等你长大，等你绽放，来做我的万年姐妹花！

我的演讲完毕，谢谢大家。

涯叔点评

我相信二孩家庭的大孩子看完这篇演讲稿都会竖起大拇指点赞！这确实说出了大家的心声啊！

这篇演讲稿语言风趣，内容真实，主题鲜明，从少儿的角度来说，是非常优秀的演讲作品。

演讲稿开头进行了提问互动，效果非常好，不仅增强了大家的参与感，还迅速筛选出了"同频"听众，也为之后引出又爱又恨的妹妹做好了铺垫。

故事部分虽然略显琐碎，但是真实感很强，插科打诨、妙趣横生的场景和画面跃然于眼前，可见演讲者的表达功力很强。

知识锦囊

古人写文章很讲究开头，称之为"凤头"。文学作品的开头尤为重要，那么文学大师都是如何为小说开头的呢？

卡夫卡《变形记》的开头是这样的："一天早晨，格里高尔·萨姆沙从不安的睡梦中醒来，发现自己躺在床上变成了一只巨大的甲虫。"——这是用了引起好奇的方式。

列夫·托尔斯泰《安娜·卡列尼娜》的开头是这样的："幸福的家庭都是相似的，不幸的家庭则各有各的不幸。"——这是开门见山地给出自己独到的观点。

马尔克斯《百年孤独》的开头是这样的："多年以后，奥雷连诺上校站在行刑队面前，准会想起父亲带他去参观冰块的那个遥远的下午。"——这是用了塑造故事情境的方式。

小文同学：涯叔，我觉得好的演讲稿的开头就像一个问号，能激发听众的好奇心，使听众产生想要听下去的欲望。

涯叔：你总结得太对啦！那你觉得演讲稿的中间部分像什么标点符号呢？

表达力课堂

即兴讨论：友情的秘密

你是怎么和朋友相处的？你认为朋友之间相处，最重要的是什么？

分组讨论，每组至少提出 3 条大家都认可的与朋友相处的建议。

小组派代表发言，向大家汇报，其他小组成员可适当补充，尽量全面反映小组的意见。

训练提示

1. 学会根据讨论目的进行重要信息的记录。

2. 学会整合相似或者相近的观点，整理出大家都认可的意见，与大家达成共识。

3. 学会先声夺人，在开头就抛出有吸引力的问题或者核心观点。

4. 有条理地进行发言和汇报。

情境沟通：站在对方的角度提建议

你有没有给别人提过建议？别人有没有接纳你的建议呢？

在学习和生活中，我们会发现别人做得不够好或者不够合理的一些地方。如果遇到以下问题，你该如何应对呢？

你的同桌小宇上课时喜欢偷偷玩电话手表，导致老师讲的很多内容他都没有认真听，你要不要提醒他注意和改变呢？

做作业的时候，你拿着不会做的题去问爸爸，有时候他会觉得不耐烦，你该怎么跟他说呢？

邻居家的小狗在电梯里小便，但是邻居没有清理，影响了公共环境卫生，你该怎么向邻居提建议呢？

提建议不是一件容易的事，因为别人可以听你的，也可以不听你的。但是从长远来看，合理的建议会让我们与他人相处得更舒服、更融洽。

假设一些需要提建议的情境，进行角色扮演，总结相关经验和方法。

训练提示

1. 提建议之前，仔细考虑要不要说，以及怎么说才不会伤害到别人。

2. 先征询别人的意见，看对方是否愿意或方便听建议。

3. 以合适的身份和语气与对方沟通。

4. 提出具体的、合理的方案，不要把建议变成批评。

5. 注意观察别人的反应，做好随时停止建议以及建议不成功的准备。

思考一下

你觉得提建议时怎样开头才更容易让人接受呢？面对不同的对象，你会选择怎样的开头方式呢？试着用不同的方式开头，看看哪种效果最好。

如何搭建演讲稿的主体部分
——借助结构力，轻松有逻辑

时间顺序　对比式
总分式
递进式
并列式

情景小剧场

小文同学

> 凤头、猪肚……哎呀，怎么说着说着有点饿了……

> 你呀，别总想着吃！既然说到了"猪肚"，那你应该知道演讲稿的中间部分像什么标点符号了吧？中间部分既然是主体部分，就应该步步推进，环环相扣，这样的结构像不像一个又一个逗号呢？

涯叔

> 越说越饿。

> 你能不能想点别的？

> 还是饿！

演讲加油站

在演讲稿的开头，好故事能以情动人，而进入演讲稿的主体部分，我们要用好逻辑来以理服人。

一场好的演讲，就像一场思维旅行。演讲者就像一个导游，演讲逻辑就是一张精心设计的思维路线图。这场旅行的目的，就是带听众抵达一个他们未曾到过的地方，领略一些没有见过的风景。

什么是好逻辑呢？好逻辑就是结构力，就是层次分明、排序合理、详略得当。开头之后，演讲稿就进入了主体部分。这个部分所占篇幅最多，需要交代的素材和观点也是最多的，所以其逻辑格外重要。

同学们的演讲稿大多记叙自身的经历，所以其主体部分可以采用时间顺序进行搭建，也就是把故事素材按照先后顺序排列，再娓娓道来。在采用时间顺序的时候，要注意详略得当。不少同学由于个人经历非常丰富、精彩，可以讲的事特别多，但是演讲时长是有限的，我们没有办法细讲每一件事。这个时候，我们就需要根据演讲的目的大胆取舍，重点讲透一两个核心事件，将其他的故事一笔带过作为补充。

此外，需要展现人物的不同侧面时，有生活、工作等不同的角度可供选择。这个时候，我们要根据具体的情况决定采用什么结构搭建演讲稿的主体部分，如总分式、并列式、对比式、递进式等。

小试牛刀

优秀演讲稿赏析

"别人家"的妈妈

孔维艺（11岁）

大家好，我叫孔维艺，今天我想给大家介绍介绍我的妈妈。

从小到大，爸爸妈妈培养了我很多的才艺，如唱歌、跳舞、朗诵，我的家里也有很多的奖杯、奖状。可能在很多家长眼里，我就是"别人家"的孩子。其实啊，我能成为"别人家"的孩子，是因为我有一个"别人家"的妈妈。

我的妈妈，是我的闺蜜。平时啊，我特别喜欢和她谈论在学校发生的事情；不管是大事还是小事，妈妈都会认真倾听，积极回应。有时我也会跟她分享网上的一些热门段子。可能很多家长会认为小孩子读好书就行了，不要过多地接触网络。可是妈妈不但和我一起说网络热词，还和我聊明星八卦呢。我们在一起的时光总是特别有意思！

我的妈妈，还是我的心理咨询师。记得我第一次参加"快乐阳光"声乐比赛时非常紧张，因为我只上了两节课，心里特别没有底。临近上场时，我都快哭出来了。就在这时，妈妈对我说："没关系，不着急，因为这是你第一次参加专业的声乐比赛，不管结果怎么样，你自由发挥就行。你在我和你爸爸心里永远都是第一名。"听到这些话，我的心里立马充满了能量。最终，我超常发挥，获得了第二名。多亏了妈妈上场前给我打气呀！

除此之外，她还是我的私人厨师。虽然她并不擅长做饭，但是为了保证我的健康和营养，她总是想方设法地做出丰富的早餐：蒸的、煮的，吃的、喝的，中式的、西式的…一个星期都不带重复的。我的同学都特别羡慕我。

妈妈的角色也许有很多，但是她对我的感情却是始终如一的，那就是一直一直爱我。

别人都说我是"别人家"的孩子，可我想说的是，我的妈妈也是"别人家"的妈妈。这样的妈妈你喜不喜欢呢？

涯叔点评

""别人家'的妈妈"这个主题特别好，不仅展现了妈妈与众不同的特点，也能让人看出演讲者和妈妈之间的良好互动关系。演讲者用"别人家的"来修饰妈妈，可谓别出心裁。

这篇演讲稿结构清晰，采用三段式将演讲者和妈妈的故事娓娓道来。几个关键标签也很贴切，妈妈是闺蜜、心理咨询师、私人厨师，这些标签让人感到亲切。

对于这么生动的演讲稿，我们哪有不喜欢的道理呢？

知识锦囊

其实写演讲稿和写作文是一样的。结构是文章的"骨架"，是我们谋篇布局的方式。

回想一下，我们在语文课上学过文章的哪些结构呢？

比如，总分式，包括总—分、分—总、总—分—总等。再比如，并列式，把事物分成几个方面来描述，几个方面都是独立的、彼此平行的。还有对比式，比如先说美的，再说丑的；先说假的，再说真的，用对比来引发议论、抒发感情。另外还有递进式，即各个部分是层层递进、环环相扣的关系，前一部分是后一部分的基础。

你喜欢用哪种结构来写演讲稿呢？

小文同学

涯叔，演讲和语文原来这么密不可分啊！

那当然！写演讲稿很考验我们的语文基本功呢。能写好演讲稿的同学，语文成绩想必差不了！

涯叔

表达力课堂

即兴演讲：同学们的优点

每个人都有缺点，而且我们很容易看到别人的缺点。但是我们也要明白，每个人都有优点。善于发现别人的优点，是一种美德，拥有这种美德的人也更容易得到别人的信任和支持。

随机分组，每组 4 ~ 6 人，小组成员按顺序轮流分享别人的优点。

每组派代表在全班进行分享。

训练提示

1. 学会赞美和夸奖，带着真诚欣赏每一位同学。

2. 力求结构清晰，可以尝试用思维导图辅助演讲。说出的优点不得少于 3 个，但最好不要多于 5 个，介绍每一个优点时都要举出具体的例子。演讲的时候注意肢体语言，眼神、站姿、手势等都要自然。

你的演讲稿的主体部分应该是同学的多个优点。那么你是怎样安排这些内容的呢？和大家分享一下你的逻辑吧！

主题活动：趣味辩论会

组织一场辩论会，全班同学分成若干小组，准备一些适合小学生辩论的题目，比如：

孩子的成绩不好时，父母是否应该责罚孩子？

互联网是否增进了人们的感情？

学习成绩好的孩子未来一定更优秀吗？

应不应该说善意的谎言？

…………

制定基本的辩论规则，说明活动流程，以保证辩论会有序进行。

辩论会结束后，每组派代表分享心得，总结在哪些地方可以做得更好。

训练提示

1.辩论前，要做充分的准备：搜集资料，整理事例和金句，根据所持观点对资料进行梳理和归纳。

2.学会倾听和反驳，既要能表达自己的想法，也要听出对方话语中的矛盾和漏洞，有针对性地进行反驳。

3.表达要有效率，争取充分利用时间，做到条理清晰、言简意赅。

4.可以激烈争论，但要注意文明用语。

思考一下

辩论中，我们一般以"论点＋论据"的形式呈现自己的观点。围绕一个论点，可以有若干论据，这些论据要逻辑清晰地逐一呈现出来。回想一下你在辩论中的发言，其逻辑和结构是否清晰呢？

如何写出完美的演讲稿结尾
——演讲有"豹尾"，回味意无穷

重复观点

号召行动

送出"礼物"

情景小剧场

小文同学

我最近在看《动物世界》，非洲草原上的豹子实在是太酷了！对了涯叔，为什么好文章的结尾叫"豹尾"？难道结尾要像豹子甩尾巴那样有力吗？

这个……确实挺"有力"的，我们来一起探索一下吧！

涯叔

不……不对啊！快跑！我掩护！

演讲加油站

如果说演讲开头是第一印象，那么演讲结尾则是"彩蛋"。想让听众愿意听你讲，开头很重要；想让听众记住你的演讲，结尾很重要。

在演讲的结尾，我们一定要以饱满的状态、更具亲和力及感染力的语气，向听众再一次强化演讲主题，并且让听众感受到我们始终与他们站在一起，从而进一步引发听众的共鸣，让他们发自内心地认可这场演讲。

前面我们学习了杰夫·贝索斯在他的母校普林斯顿大学的演讲的开头。接下来，我们来看一下他是怎么结尾的：

"你们会如何运用自己的天赋？你们又会做出怎样的抉择？你们是在惯性的身后亦步亦趋，还是敢于追随自己内心的热情？

"你们会墨守成规，还是勇于创新？

"你们会屈从于批评，还是坚守信念？

"你们会掩饰错误，还是坦诚道歉？

"你们要不惜一切代价地展示聪明，还是选择善良？"

他通过排比句提出了一系列问题。在这样发人深省的提问当中，他再一次强调了演讲主题，让每一个听众陷入思考。

我们在演讲结尾也要制造一些"结束感"，让听众知道演讲快要结束了，并且重新聚集听众的注意力。涯叔总结了几种常见的有效的结尾方式。

第一种是重复核心观点：通过排比或者强调的方式，再一次让听众记住你的核心观点。

第二种是号召大家行动起来：让大家因为你的演讲而采取行动，甚至比让大家记住你的演讲更让人激动。

第三种是送出"礼物"：可以说一个令人印象深刻的金句，也可以讲一个有意思的小故事，让你的演讲令人回味无穷。

小试牛刀

钓鱼之乐不只在鱼

刘翼霄（10 岁）

大家好！

我叫刘翼霄，我的爱好是钓鱼。我对钓鱼，不是一般的那种喜欢，而是前面可以加无限多"非常"和"超级"的那种喜欢。

也许有人会纳闷儿，钓鱼？确定这不是老大爷爱干的事儿？不好意思，如果现场有年轻人也喜欢钓鱼，不是我有意冒犯，那只能说明你们和我一样：年轻的面孔之下，藏着一个安静的"老"灵魂！

好，回到正题，为什么一个小学生会喜欢钓鱼呢？这就得从我小时候说起啦。

在我很小的时候，大概……三四岁时吧，妈妈经常带我去公园玩。公园里有一条小河，我看着那里面的鱼儿悠闲地游来游去，还十分灵活，就很想把它们抓上来。妈妈好像看透了我的心思，于是就给我买了个网子，告诉我："你用这个网子去网那里面的鱼，肯定能网上来。但注意要把它们放回去哟。"那时我还不懂怎么网鱼，看见鱼就对着它一网子网下去，可最后总是网了个"寂寞"。虽然如此，我一玩就是一个小时，而且特别有耐心。看着鱼儿在清澈见底的水里游来游去，机敏又灵活，即使想网到它们不是一件容易的事儿，我也觉得跟它们斗智斗勇确实很开心。

后来我渐渐地长大，逐渐掌握了网鱼的技巧，也成了一个名副其实的网鱼小能手。在我四年级的时候，爸爸见我对鱼这么感兴趣，就带我入了一个新"坑"：钓鱼。第一次钓鱼的时候，我们去了3个鱼塘才找到理想的钓鱼点，那里的水清澈见底，就像我小时候去的那个公园一样，鱼在水里游来游去。于是，我们准备好鱼竿，把线往水里一抛，等待鱼儿上钩。不一会儿，浮子动了，我把鱼竿一提，朝钩子那儿一看，哇！我钓到鱼了！那种开心，我这辈子都忘不了。

还有一次我们去了另一个鱼塘，这个鱼塘非常非常大。爸爸看这个鱼塘水非常混浊，还时不时有水波，就断定里面肯定有大鱼。这下我来劲了，赶紧行动起来。我的眼睛死死盯着浮子，当浮子上下摆动的时候，我就知道有鱼要上钩了。过了一小会儿，浮子沉下去了，我赶紧提鱼竿，一看钩子，哇，真的是条大鱼！这下，我的成就感简直爆棚了。爸爸也使劲儿夸我："儿子，你在钓鱼这方面真有天赋呀！"

一眼难看两行书，一竿难钓两条鱼。钓鱼的经历不仅让我收获了快乐，还让我收获了细心、耐心与冷静。我相信，钓鱼之乐不只在鱼，我一定能在钓鱼的过程中收获更多的感悟和成长！

我的演讲完毕，谢谢大家！

涯叔点评

　　一个小学生居然喜欢钓鱼？这篇演讲稿选择了非常有特色的素材和切入点，十分吸睛。

　　从描述"我"三四岁的时候接触网鱼，再到记叙"我"现在成为钓鱼小能手，演讲稿娓娓道来，真实可信，颇具童趣。

　　难能可贵的是，结尾处的总结让演讲稿没有仅仅停留在叙述钓鱼的趣事上，而是升华为表现钓鱼带来的感悟和成长。原来，钓鱼之乐不只在鱼。结尾精准点题，让听众豁然开朗，也让演讲在高度的提炼中从容结束。

知识锦囊

　　大家听过苹果公司创始人乔布斯 2005 年在斯坦福大学的演讲吗？这是一场振奋人心、发人深省的演讲，特别是它的结尾，非常有力，令人深思：

　　"斯图尔特和他的团队出版了几期《地球目录》，时代变迁，当它就要完成自己的使命时，他们推出了最后一期。那是在 20 世纪 70 年代中期，我那时跟你们差不多大。在最后一期《地球目录》的封底上，有一张清晨乡村公路的照片。如果你富有冒险精神的话，你完全可以想象某一天你会在这样一条路上徒步旅行，时不时搭顺风车到下一个目的地，那是多么美妙。在照片之下有这样一句话：'求知若饥，虚心若愚。'这是这本精彩的杂志的停刊赠言，也成了我的座右铭，我一直希望自己能够那样。现在，你们即将毕业，开始新的旅程，我把这句话送给你们，希望你们能够：求知若饥，虚心若愚。

　　"谢谢大家。"

小文同学

好的演讲结尾真是太有力量了！我也要用"豹尾"让我的演讲令人印象深刻！

有目标是非常好的！接下来，你可以多读一些优秀的演讲稿，根据不同的演讲主题选择不同的结尾方式，活学活用。

涯叔

脱稿演讲：班干部竞选

对于班干部竞选，你肯定不陌生吧？

在竞选中，除了总结你的经历，阐述你的优势，表达你的展望，还有什么是最重要的呢？

训练提示

1. 学会聚焦，找到自己的核心优势，在演讲中突出亮点。

2. 学会讲故事、举例子，不要泛泛而谈。

3. 要学会在结尾处"拉票"，巧妙总结自己的优势，给其他同学一个选择你的强有力的理由。

思考一下

你的班干部竞选演讲是怎样结尾的？这个结尾突出了你的优势，并令人印象深刻吗？如果你是其他同学，听完这场演讲后会给自己投票吗？试着在爸爸妈妈面前演讲，听听他们的感受。

即兴讨论：班级公约怎么定

制定班级公约有没有必要？

根据现在班级的实际情况，思考一下，除了常规的学习、纪律、卫生方面的目标，班级公约还有别的内容吗？

分组讨论，每位同学在纸条上写出两三条自认为比较重要的意见；然后小组将意见分类并展开讨论，整合重复的意见，去除不合理的、不便于落地执行的意见，最终形成小组意见。

小组派代表发言，向大家汇报，其他组员可适当补充。全班同学逐条表决，形成班级公约，然后整理和张贴班级公约，保证班级公约的落地执行。

训练提示

1. 学会整理不同意见，求同存异。
2. 发言的时候注意控制时间，力求言简意赅。

思考一下

会表达、善沟通的人几乎都有一个特点，那就是在阐述一段内容之后，会加上一句："我总结一下，刚才我们主要说了……"这一点非常重要，你知道为什么吗？善于收住内容，使之不过度发散，在关键节点上与他人达成共识，是优秀表达者共同具备的能力。如果你是小组长，你能利用这种方法掌控整场讨论的节奏吗？

如何给你的演讲稿加点"盐"
——语言多样化，秒变演说家

打比方　　讲细节

排比句　顺口溜

幽默

情景小剧场

小文同学

涯叔，这道菜没有放盐吗？怎么没有味道，这么寡淡呀？这道菜有味儿……哎呀，不行不行，又太咸了！

你这个小"吃货"，嘴巴倒是很厉害嘛！你也知道，一道菜，不加盐不好吃，盐加多了也不好吃。事实上，演讲稿也是如此！涯叔当过大大小小几百场演讲比赛的评委，被"淡"着和被"齁"着的经历可都不少呢……

涯叔

盐放多了，就咸了呀！

有点淡，多放点盐！

演讲加油站

　　如果把演讲稿比喻成菜，那么形象的语言就像盐。不加"盐"，演讲稿就会寡淡，没什么感染力，但是呢，"盐"又不能加得太多。只有"盐"加得恰到好处，演讲稿才会有吸引力。

　　先来讲讲怎么给演讲稿加点"盐"。

　　首先，学会多打比方、多讲细节。例如，你想告诉听众一件东西很昂贵，你会怎么说？"真贵，非常贵，真是太贵了，反正我买不起……"这样说很难让听众形成感性的认识。我们换一下说法："哪怕我在商纣王的时代就开始工作，一直工作到现在，都买不起这件东西！"这样是不是就形象多了？

　　一位企业家曾用这样的类比来解释"大材小用"："我们不能将波音飞机的引擎装在拖拉机上。"你看，这样讲你是不是瞬间就明白了？

　　打比方，是用形象的代替抽象的；讲细节，是为我们的描述设计场景，然后为场景补充人物、故事、数字等。在演讲稿里加点"盐"，你的演讲就有画面感了，就更容易让听众产生身临其境之感，轻松理解你表达的内容。

　　其次，运用一些句式，可以让语句显得丰富多彩、错落有致，而这其中最好用的莫过于排比句和顺口溜了。

　　我们都知道排比句是很有气势的，它可以非常直接地增强语言的冲击力。在演讲的关键时刻使用排比句，可以让听众有一种被征服的感觉，令听众印象深刻。比如我们非常熟悉的马丁·路德·金，他在《我有一个梦想》中多次重复"我梦想有一天……""我有一个梦想……"。

顺口溜则是一种更为独特的语言形式。它是一种特殊的口语，运用在演讲稿中常常会产生出其不意的效果。在汉语中，句子一旦押韵，就会变得朗朗上口，非常易于接受。传播学研究结果显示，顺口溜因为押韵，不仅可以提升自身的传播能力，甚至可以绕过理性的心理防线，直接"溜"进人们的脑子里。想一想我们熟悉的"饭后百步走，活到九十九""人不可貌相，海水不可斗量""一个篱笆三个桩，一个好汉三个帮"，是不是读完上半句，你的脑子里已经蹦出了下半句？如果在演讲稿里运用顺口溜，也会大大增加演讲内容被记住的概率。

最后，还有一种非常厉害的"盐"，它可以说是演讲稿的"王牌调料"了，你知道是什么吗？那就是幽默。幽默的表现形式虽然多种多样，但其实都遵循一个共同的规律，那就是制造反差——使事实跟原本料想的不一样。如此一来，演讲内容就会跌宕起伏，有惊喜、有笑点。初学演讲的同学可以在力所能及的范围内试一试这种方法，比如在演讲稿中加一点自嘲或双关的内容；如果暂时做不到，也应尽量让演讲内容有意思一些。

同学们，即使"盐"好，也不要加得太多！比如排比句，在同一篇演讲稿里，出现一两次会显得精妙，出现太多次则会过犹不及，让听众感到腻烦哟！

小试牛刀

优秀演讲稿赏析1

关爱父母，从"丢掉"他们的手机开始
杨博涵（11岁）

大家好，我是杨博涵，今天想和大家一起来"拯救"我们的爸爸妈妈。

大家知不知道有一种病叫"离不开手机综合征"？其症状如下：离不开手机，离不开网络，来到一个无信号区域后，整个人就不好了，心里七上八下、没着没落……不管啥时候回家，都一定要"刷"一波朋友圈才睡觉，甚至"刷"到凌晨一两点。最不可思议的是，他们还会在朋友圈转发标题为《熬夜对身体造成的五大伤害》的文章。

我们的爸爸妈妈常常说我们是他们最可爱的宝贝，可是大伙儿不觉得他们还有一个宝贝吗？

一起去公园的路上，他们会不停地玩手机、打电话；

放学回家，跟他们分享开心事的时候，他们不是在玩游戏，就是在追剧；

一家人吃饭的时候，他们似乎总有忙不完的事情需要用手机处理；

············

唉！或许很多人跟我的想法一样，要是我们能变成爸爸妈妈的手机就好了！

亲爱的爸爸妈妈们，别以为一边玩手机，一边坐在孩子旁边就是陪孩子了；也不要以为你们拿着手机，有意无意地口头上督促一下我们，就是管教了。

如果有一天我们长大了，长到了 20 岁、30 岁或 40 岁，不再咿咿呀呀地"纠缠"你们，不再无理取闹般地让你们陪伴，不再钻到你们怀里撒娇，不再央求你们讲故事伴我们入眠……不知道到那时，你们是否会怀念这些回不去的时光呢？

对于我们来说，好的陪伴其实没有标准答案。

这种陪伴可以是和我们一起读书、给我们讲故事，可以是和我们一起玩游戏或打球，可以是和我们一起听音乐、唱歌。就算不玩游戏，不出去旅游，带着我们天马行空地"瞎聊"、一起做家务也是很好的呀！

我们不要再听"嗯""哦""哇"，我们想要你们欣赏、肯定的眼神以及你们在陪伴过程中全身心的投入。所以，亲爱的爸爸妈妈们，请把手机放在一边，用更多的时间陪陪我们，好吗？

涯叔点评

手机已经成了我们生活中必不可少的工具，但是，它在给我们带来很多便捷的同时，也给我们带来了不少烦恼，比如影响亲子关系。

这篇演讲稿就从孩子的角度出发，吐槽了父母的"离不开手机综合征"。

这篇演讲稿最大的特点就是语言生动幽默，它颇具"吐槽"和"脱口秀"的风采，跳出了大部分孩子表达情感和态度的方式，让人耳目一新。除了幽默，其将排比句也运用得很到位，内容自然连贯、一气呵成。

此外，演讲稿没有仅仅停留在吐槽和抱怨上，而是在指出一系列问题之后，正向提出了对所有父母都有启发的诉求——多陪伴孩子。不得不说，这是一篇有思想、有深度的少儿演讲稿。

优秀演讲稿赏析 2

老爸的魔法行李箱

胡翱瑶（10 岁）

大家好，我叫胡翱瑶。

大伙儿知道吗？我的老爸有一个魔法行李箱！您也许猜测我的老爸是个魔术师，他的箱子里有数不清的魔术道具，又或者猜测我的老爸懂法术。不，都不是，我的老爸啊，他只是一个不能常常来看我的老爸！

我出生在贵阳，老爸是贵州人，妈妈是江西人，后来妈妈到长沙工作，我就跟了过来。老爸隔一段时间才来长沙看我们一次，每次只待一两天。不过他每次来，我都会冲向他那个又大又重的行李箱。那可是个有魔法的箱子，里面总有我喜欢的礼物！而且，行李箱的大小会根据老爸来长沙的间隔时间改变，有时他隔两三个月才来，行李箱会特别大；有时他隔两个星期来，行李箱就变小了，真是好神奇！

记得老爸第一次来长沙看我们时，我才 5 岁，他带着一个超大的行李箱。我以为里面一定全是老爸的文件或者办公用品，就漫不经心地走开了。过了一会儿，我去看老爸收拾好了没有。不看不知道，一看"吓"一跳，只见桌子上放满我爱吃的零食，还有一个十分可爱的木偶。这个木偶身着精美的服饰，梳着有趣的发型，我喜欢极了！我回过头看看老爸的行李箱，里面空荡荡的，只剩一个小小的收纳包。我指着它问老爸："这是什么？也是给我的吗？""哦，这是我的生活用品。"他轻声回答我。

虽然老爸不能经常陪伴在我身边，但他把最好的关爱都给了我。记得刚上幼儿园那会儿，我还在贵阳，为了让我受到良好的启蒙教育，老爸让我上了贵阳最好的幼儿园，但是这个幼儿园啊，是全托式的，晚上我必须得在那儿睡觉。老爸想了想，觉得这也没关系，于是我就成了幼儿园里唯一一个每天都有人来看的幸福宝贝！有一次，我睡觉前一不小心擦破了皮，已经回家的老爸得知后火速赶到幼儿园，把我接去医院，又是陪我打针，又是帮我抹药，等忙完一系列的事情，都已经凌晨了。

我和妈妈在长沙生活的时间越来越久，老爸也因为公司的发展变得越来越忙碌。来长沙时，他的行李箱也一次比一次大，而我见到爸爸的时间也越来越少……我知道，不管行李箱是大是小，装什么东西，里面总有一样是属于我的，就像老爸的心里总有一个位置属于我。

我多么希望这个魔法行李箱真的有魔法，会变得越来越小，直到老爸再也不需要它。因为这样我就可以天天见到我的老爸了。一个常常陪伴在我身边的老爸比任何魔法都珍贵。

涯叔点评

　　"老爸的魔法行李箱"这个标题不仅让人产生强烈的好奇心，而且后面还隐藏着一个有关父女情的感人故事。

　　少儿演讲稿最动人的地方便是孩子们自己对生活的观察和感受，这些观察和感受是与时代脉搏同频共振的，是与具体生活息息相关的，是一个大人们无法拼凑出的世界。老爸的魔法行李箱就是一个这样的世界。在演讲者的心中，这个行李箱代表了爸爸对她的牵挂。事实上，世间最大的魔法就是"爱"。

　　"不管行李箱是大是小，装什么东西，里面总有一样是属于我的，就像老爸的心里总有一个位置属于我。"这样的类比不仅表达了演讲者对老爸的情感，还紧紧扣题，揭示了主旨，令人印象深刻。

知识锦囊

同学们，你们知道萧伯纳吗？萧伯纳是英国著名的文学家，也是诺贝尔文学奖的获得者。他不仅以文采闻名于世，更以独特的幽默感让世人津津乐道。

有一次，萧伯纳去参加宴会。一位身材肥胖的资本家见他身形瘦小，便不怀好意地取笑道："萧伯纳先生，我一见到你就知道世界上在闹饥荒。"萧伯纳不急不恼，用轻松幽默的口吻回道："先生，我一见到你就知道世界上为什么在闹饥荒了。"

这就是高级的幽默，可以用一种听起来较礼貌的方式表达自己的观点。萧伯纳不愧是语言艺术大师啊！

小文同学

这节课真是太有意义啦！下次我也要给自己的演讲稿加点"盐"，争取让听众"大快朵颐"！

这就对啦！语言本该多姿多彩。让我们一起练习一下如何为演讲稿"加盐"，向着语言艺术的高峰进发吧！

涯叔

命题演讲："外在美"和"内在美"哪个更重要

"颜"和"才"到底哪个更重要？

看起来这好像是一个很容易回答的问题，但真的是这样吗？

不要先急着做判断，问问你自己内心真实的想法。你为什么会这么认为？这是你从老师和家长那里得来的结论，还是自己的体会和感悟？你能举出具体的例子证明自己的观点吗？

训练提示

1. 学会独立思考，不要被别人的观点影响。

2. 对于自己的观点，一定要问问自己：为什么会有这样的想法？这是道听途说的"二手观点"，还是自己的真实感受？

3. 要学会用生动有趣的语言去表达。

情境沟通：拒绝别人

　　如果你的小伙伴和家人提出你不想答应的要求，你会怎么办呢？比如：

　　放学后，你要回家准备明天的演讲比赛，但是小豪邀请你去公园玩游戏；

　　你刚刚开始做作业，弟弟就拿着玩具来邀请你一起玩；

　　…………

　　不好意思拒绝是因为我们害怕伤害别人，但是如果一直这样，我们就会变成没有主见的人。

　　怎样巧妙地拒绝别人呢？

　　假设一个情境，分小组模拟扮演不同角色，然后请其他同学点评，总结相关经验和方法。

训练提示

1. 讨论一下，生活中，小伙伴和家人会提出哪些常见的让人困扰的要求。

2. 对于完全不合理的要求，学会直接拒绝。

3. 对于一些善意的要求，先接受别人的好意，理解和肯定其好处，再客观陈述你现在不能做这件事的事实和你的想法，最后给出补偿性的解决方案。

思考一下

你是不是觉得拒绝别人是一件很尴尬的事情呢？我们可以怎样运用语言的艺术让自己的拒绝更巧妙、更容易被接受呢？在"拒绝别人"这个沟通情境下，你能试着运用"幽默"这个方法吗？

如何让大家迅速爱上你的演讲
——尽量"说人话",轻松"零距离"

书面语

口语化

情景小剧场

小文同学

因为胃里没有食物，所以消化系统就通过神经给大脑发信号。大脑皮层接收到信号，提示胃腺以及肠腺分泌消化液。在消化液的刺激下，肠胃蠕动的速度加快，但是由于胃里没有食物，肠道中的消化液与气体在蠕动中发出声音……

这孩子怎么了……说人话！

涯叔

小文同学

咕噜……咕噜……涯叔，我肚子饿了……

说人话！

我饿了！

咕噜……

演讲加油站

同学们，从小文同学和涯叔的对话中，你有没有发现书面语和口语的区别呢？在运用书面语时，我们可以文绉绉地说很多专业词汇，像学术论文，还有我们平时阅读的诗歌、散文等，多是书面语。而演讲是口语艺术，侧重于沟通和交流，所以在演讲中，我们一定要"说人话"才能让听众听得下去、听得明白。

苹果公司早年推出 iPod 产品的时候，其产品说明的中文介绍是这样的："全新的 iPod，采用了 Cirrus Logic 的芯片和最新的电池技术，拥有 32GB 超大内存，搭配非常美观的铝制外壳，售价 199 美元。"你是不是感觉这像一个机器人在对你说话？我们再来看看，如果我们把这段话变成口语，再丰富一下细节，它会变成什么样呢？——"全新的 iPod，价格不变，容量翻倍，续航时间增加到了 24 小时，让你可以全天享受音乐。另外，由于它采用了全新的铝制外壳，现在你有 5 种不同的颜色可以选择。它的售价是 199 美元。"

现在，你是不是能够想象出使用 iPod 听音乐的场景和画面了呢？这就是口语的力量。

涯叔在帮同学们改演讲稿的时候发现，很多演讲稿根本不用做大的改动，只要从头到尾用口语化的方式"翻译"一遍就会有质的飞跃。涯叔用"翻译"这个词真的不夸张，不少同学的演讲稿虽然通篇都是现代汉语，但比古文还要晦涩难懂，照着读都费劲，更别提还要脱稿把它讲出来了！

　　口语化有一个很大的优势，那就是能让文字自带"表情包"。我们用微信聊天的时候，有时候会开玩笑：为什么你发的文字自带"表情包"？意思就是，你发的文字太生动了，语气感特别强！例如，你觉得一件事情很有意思，用书面语写下来可能是这样的："今天发生了一件很有意思的事情，非常值得与你分享。"但如果运用口语化的方式记录，文字就会更有对话感和互动性，例如："天哪，今天我碰到一件特别特别有趣的事儿，你听我跟你说……"试着朗读这两段话并录下来，你会发现它们的表现力是完全不同的。

　　这并不是鼓励同学们在演讲稿中写口水话，而是建议你们在写完之后放声朗读几遍，看书面语转换成口语之后是否通顺，并在出现卡顿的地方，根据自己的表达习惯做一些调整。你们愈发熟练之后，在写演讲稿的过程中就能找到对话的感觉，建立起口语化思维了。长此以往，你们的演讲稿文字一定会更加生动！

优秀演讲稿赏析

我家那"仙女"

杨荟璇（10 岁）

尊敬的各位老师、亲爱的同学们：

大家好！我叫杨荟璇。每个母亲都曾是少女，她们因为"妈妈"这个称号褪去了稚嫩，收敛起任性。大家是不是以为接下来我要说，她囿于厨房与爱，在一粥一饭、柴米油盐里撑起整个家？

不！今天，我想狠狠"吐槽"一下我的老妈。我家的这位"仙女"呢，衣服多得像春天的花朵一样，心情像天气似的时好时坏，护肤品多到梳妆台上都放不下。

这位"仙女"还是个夜猫子，常常跟我说玩手机对眼睛不好，可自己却痴迷电视剧里的角色，常常追剧到深夜。

还有，大家都知道的，"仙女"嘛，爱拍照，走到哪儿拍到哪儿：比剪刀手、比心，假装头痛、脸痛、脖子痛、腰痛，姿势千变万化。对了，她还培养了一名高级摄影师——我爸。为了让"仙女"显腿长，我爸也练就了几招独门绝技。（表演出来）

怎么办？感觉有"杀气"！我可不敢往下说了，因为，今天我妈也在现场，我怕待会儿一下台，我就会被她请吃"竹笋炒肉"。"仙女"饶命啊！

如果你在下雨的长沙街头看到过一个披头散发、踩着高跟鞋在路上狂奔的女人，请你不要怀疑，那就是我妈。演讲冬令营开始的那一天，恰逢我们学校的休学典礼，等老师讲完了要求，我就狂奔出了校园，准备来上课。当时我恰巧在路过的文具店里看到了一个我中意很久的文具盒，为了细细观赏这个精美的文具盒，我随手将自己的学生手册放到了旁边。离开文具店后，我才想起将学生手册忘在了那里。学生手册关系到我的升学，我妈急得满头大汗，就在雨中踩着高跟鞋一路狂奔，赶回文具店。嗯，就是我刚刚说的那一幕。

好在学生手册找了回来，不然，等待我的将会是狂风暴雨！当然，没有我家"仙女"不顾形象地一路狂奔，也许我就上不了初中了。所以，我家的"小仙女"，谢谢你！

谢谢你那么爱我和弟弟！

谢谢你无条件支持我的所有想法！

谢谢你在我最需要的时候出现！

也谢谢善良的你专程带着我到安徽参加公益活动！

你总问我长大后会不会孝敬你。今天，我站在这里坚定地告诉你：当然，我要带你吃很多好吃的，给你买最漂亮的衣服，给你买大大的房子。

"小仙女"，有一天我会长大，也许我会走得很远很远，但却总也走不出您心灵的广场！

谢谢大家！

涯叔点评

　　读完这篇演讲稿，涯叔最大的感受是什么呢？文字的语气感特别强。

　　在这里，我想跟同学们说，演讲稿是用来讲的，不是用来看的。在口语表达愈发重要的今天，基于口语的写作很有可能成为一大趋势。

　　在这篇演讲稿中，我们充分感受到了口语化的好处，那种自带"表情包"的表达让人觉得特别有交流感，特别有亲和力，就仿佛有一位和你特别熟的邻家姑娘在兴致勃勃地跟你聊天。

　　同学们的演讲稿如果能达到这种水平，不就非常好了吗？

知识锦囊

在唐代大诗人之中，李白、杜甫、白居易都是十分伟大的。其中，要数白居易的诗歌最为浅显易懂。据说白居易作诗后，要先念给不通文赋的老太太听，老太太能听懂的就算过关了；老太太听不太懂的，白居易就会修改，改后老太太依旧听不懂的，他就会舍弃。

这样"说人话"的大诗人，你喜欢吗？

小文同学

我以前总是觉得，写演讲稿就要"端"着，就得显得自己特别有文化、特别有文采才好。今天我才知道，原来这样会适得其反啊！

涯叔

写和说其实运用了两种不同的思维方式，正是因为这样，才有了书面语和口语的差别。我们上台演讲，不是为了炫耀才学，而是为了与听众更好地沟通，你说是吗？

答辩演讲：我的志愿服务报告

班上要组织一场"学雷锋"活动的报告会，经过材料申报和审核，最终选出 5 位同学作为代表进行汇报演讲，你便是其中的一位。

你需要准备一场 6 分钟左右的汇报演讲，并在演讲结束后进行答辩。班主任邀请的答辩老师会对你的汇报进行有针对性的提问。

训练提示

1. 学会撰写汇报演讲稿，注意亮点要突出、条理要清晰，不要一味堆砌材料。

2. 在汇报的过程中要注意进行现场交流，不要"背稿"。

3. 换位思考，提前设想答辩老师会从哪些方面提问，做一些模拟回答。

4. 答辩的时候要控制好节奏，不卑不亢。

情境沟通：如何获得别人的支持

在生活中，很多时候我们都需要借助别人的支持才能顺利完成一件事。

如果你遇到以下情况，需要得到老师的支持，你会怎么说服老师呢？

你想在班里组织一个戏剧队排演课本剧；

你想策划一期关于环境保护的专题黑板报；

你想在周末组织一场义卖活动；

…………

当然，除了老师，你也经常需要寻求同学、朋友、父母的支持。怎么说才更容易获得别人的支持呢？有没有什么重要原则需要遵守？

假设一个情境，分小组模拟扮演角色，然后请其他同学点评，总结相关经验和方法。

训练提示

1.模拟的情境和角色要明确。

2.想想自己为什么要这么做，这么做对别人是否有好处。

3.先说出想法，再把具体的理由讲清楚。

4.设想对方可能的反应，恰当应对。

思考一下

你最喜欢小组里哪位同学的想法？哪位同学的想法最让你有支持他的冲动？你觉得他的发言成功在哪里？你可以从中学到什么经验呢？